歴史の勉強法

確かな教養を手に入れる

山本博文
Yamamoto Hirofumi

PHP新書

プロローグ　歴史感覚の身につけ方・磨き方

真の教養を手に入れるために

最近、本当の教養とは何かを論じた本や大人の教養を解説した本が出版され、多くの読者を獲得しています。教養は実際の仕事や生活に役立たないものだと思われていますが、人生を豊かにしたり、大きな判断をする時のためには身につけておいた方がよいものです。

私は、さまざまな分野の教養の中でも歴史がその基礎になるものだと考えています。それを端的に示すのは、小学校から大学まで歴史の学習が重要な位置を占めていることです。しかし、これまで長く歴史の勉強をしてきているにもかかわらず、歴史の教養に乏しいと思っている人が多いようです。それは、学校での歴史の勉強が個々の事件名や人物、年号の暗記に偏《かたよ》っていたからでしょう。

歴史を学ぶことによって歴史をつかんだと実感できれば、歴史が教養として定着したと言っていいでしょう。それでは「歴史をつかむ」とは、どういうことでしょうか。

それは歴史の流れが頭の中に描けるようになるということだと思います。時代の変化の原因や背景を理解していくことで、次第に歴史の流れがわかってきます。私が書いた『歴史をつかむ技法』（新潮新書）は、広い視野から時代の流れを理解し、歴史の本質をつかむ技法を解説したものですが、本書では歴史をもう一度勉強してみようという読者のために、日本史の基礎知識から歴史研究の初歩まで、より具体的なノウハウを紹介しました。これによって、確かな教養を身につける第一歩になるでしょう。

日本史の流れを整理する

歴史を学び直す第一歩は、時代の移り変わりのイメージを持つことです。歴史教科書では、日本史を原始・古代、中世、近世、近代・現代の大きく四つに時代区分し、さらに旧石器、縄文《じょうもん》、弥生《やよい》、古墳、飛鳥《あすか》、奈良、平安、鎌倉、南北朝、室町、戦国、安土《あづち》・桃山、江戸、明治、大正、昭和、平成と、各時代の名称をつけています。

日本史が苦手な大学生の中には、この時代の移り変わりの順序すらきちんと言えない人がいます。それは、各時代のイメージがなく、どうしてそのように時代が移り変わってきたのかを理解できていないためです。まず、これを解説しておきましょう。

今から三万数千年ほど前、大陸から日本列島に人類がやってきました。これが旧石器時代の始まりで、打製石器によって狩りをする人たちでした。一万二千年ほど前、土器が作られるようになりました。多くは縄《なわ》の文様《もんよう》が入っているので、縄文時代と言います。この時代は、氷河時代が終わり、地球の温暖化が進むので、小型動物を狩り、木の実や魚などの狩猟・採集生活をするようになります。青森県の三内丸山《さんないまるやま》遺跡は縄文時代の遺跡ですが、大規模な集落で定住生活ができるようになったことを示しています。

縄文時代の晩期に水稲《すいとう》耕作が伝わり、弥生時代には食糧の備蓄ができるようになりました。そのため、備蓄した食糧をめぐって戦争が起こるようになります。この中でクニが生まれ、王が成立します。その姿は、佐賀県の吉野ヶ里《よしのがり》遺跡に見ることができます。また、九州説と畿内《きない》説に分かれている邪馬台国《やまたいこく》は、弥生時代末期に成立しています。

クニが次第に統合されてくると、その首長《しゅちょう》が「大王《おおきみ》」になり、巨大な古墳が造営されるようになります。これが古墳時代です。

畿内に成立したヤマト政権は、大王を中心に関東から九州までを支配下に置き、世襲《せしゅう》王権を確立させます。大王が奈良県の飛鳥の地を都にしたのが飛鳥時代です。有力豪族であった蘇我《そが》氏を滅ぼした天智《てんち》天皇、そして天智の子の大友皇子《みこ》を滅ぼした天武《てんむ》天皇の時代に、「天皇」号と「日本」の国号が成立します。この頃から、中国の制度である律令制《りつりょうせい》が取り入れられ、法律によって国の制度を定める律令国家の時代になります。この時代は、都《みやこ》の場所によって、奈良、平安と時代の名称をつけています。

奈良時代は八十年ほどしかないのですが、これは天武天皇と、その皇后だった持統《じとう》天皇の子孫の時代で、これが天智天皇の男系の子孫に代わった時、平安京に遷都《せんと》しました。

平安時代は、四百年近く続く長い時代で、前期、摂関《せっかん》時代、院政時代の三つに大きく区分されています。ヤマト朝廷が朝鮮半島への関与を断念したため、前期に律令で規定された徴兵制《ちょうへいせい》が放棄《ほうき》され、以後、国の軍事力は地方に成立した武士が担《にな》うようになります。

武士は、桓武平氏《かんむへいし》や清和源氏《せいわげんじ》など中央から下《くだ》った皇族・貴族を中心にまとまり、国家の中・下級官職を与えられることによって勢力を伸ばしました。そして、院政時代に天皇家や貴族の対立を解決する軍事力になったことによって、国家の中枢部《ちゅうすうぶ》に進出していきます。そして武士団同士の争いである源平合戦を経て、武士の政権である鎌倉幕府が成立します。

鎌倉時代は武士の時代と言われますが、まだまだ朝廷は中央政府として権力と権威を持っていました。地頭《じとう》に任命されて日本各地の国衙《こくが》領や荘園《しょうえん》の警察・徴税権を握った武士は、国の税や荘園年貢《ねんぐ》を朝廷や上級の荘園領主に上納しなければなりませんでした。つまり、天皇や公家《くげ》は、支配者としての権限をまだ保持していたのです。

それをよく示すのが、後醍醐《ごだいご》天皇による建武《けんむ》の新政です。後醍醐は、有力御家人《ごけにん》と新興の武士勢力によって鎌倉幕府を倒し、天皇を中心とする政府を打ち立てました。その政府で国司《こくし》を復活させたことは、いまだに律令制の観念が残っていたことを物語っています。

しかし、これは観念だけのことで、実質的には武士の力がなければ、税や年貢の確保も治安の維持もできなくなっていました。しかし、武士も、鎌倉時代に御家人だった者と新興の非御家人がいましたので、後醍醐の南朝と足利尊氏《あしかがたかうじ》が擁立《ようりつ》した北朝が分裂すると、ある者は北朝につき、ある者は南朝について、自分の領地を確保しようとします。これが南北朝の内乱が長く続く理由です。

南北朝の並立時代は、室町幕府三代将軍足利義満《よしみつ》の時代に終焉《しゅうえん》を迎え、室町将軍による全国支配が確立します。室町幕府の基盤をなしていたのは、幕府が任命した守護《しゅご》でした。義満の時代に守護の統制が進みますが、六代将軍義教《よしのり》が播磨《はりま》など三国の守護赤松満祐《みつすけ》によって殺害されたことで室町将軍の権力は陰りを見せ、八代将軍義政《よしまさ》の時代には守護家の内紛に将軍家の跡目《あとめ》争いがからんで応仁《おうにん》の乱が起こり、世の中は戦国時代に移行します。

戦国時代は、実力で一国規模の領地を支配する戦国大名が互いに争う時代でした。戦国時代はほぼ百年間続き、やがて織田信長が足利義昭《よしあき》を奉じて京都にのぼり、義昭を十五代将軍に立てます。しかし義昭は、信長と対立して追放され、室町幕府は滅亡します。

信長は、全国の戦国大名を支配下に置く直前、家臣の明智光秀《あけちみつひで》に背《そむ》かれて、本能寺《ほんのうじ》の変で横死《おうし》します。その後継者の地位に立ったのが信長の家臣であった羽柴《はしば》秀吉で、秀吉は関白《かんぱく》となり、豊臣姓を与えられて全国を統一します。秀吉は、太閤《たいこう》検地によって領主と農民の関係を一元化し、荘園制は完全に廃止されます。

秀吉の死後、関ヶ原の合戦があり、豊臣政権の五大老の一人だった徳川家康が、征夷《せいい》大将軍に任命されて江戸幕府を開き、全国の大名に対する支配権を握ります。主家であった豊臣家は、大坂の陣で滅亡します。

江戸幕府は、二百七十年近く続き、現在の日本の基礎となるさまざまな制度を作り上げます。しかし、アメリカ使節ペリーの来航を契機に、尊王攘夷《そんのうじょうい》運動が激化し、十五代将軍徳川慶喜《よしのぶ》は政権を朝廷に返上することになります。こうして成立した新政府は、旧幕府勢力と戊辰《ぼしん》戦争を戦い、徳川家から江戸を奪い、廃藩置県を断行して近代国家を創出します。

こうした歴史の流れの詳細は、『流れをつかむ日本の歴史』（拙著、KADOKAWA）に書きました。このように時代の推移の背景を理解していけば、日本史がより身近に感じられるようになり、どの時代もおもしろくなっていくと思います。

考古学・人類学がおもしろくなる二冊の本

長い間私は、原始時代にはそれほど興味がありませんでした。文献史学に慣れた者にとって、遺跡だけしか残っておらず、しかもそれが百年、千年単位で語られる考古学の担当する時代は、別世界だったのです。しかし、王権を研究テーマにした時、日本の国家の成立と日本人の特質を考えるうえでたいへん重要な時代だと実感し、がぜん興味が湧いてきました。

そのため考古学や人類学などの文献にずいぶん目を通しました。特に感銘を受けたのは、片山一道《かずみち》氏の『骨が語る日本人の歴史』（ちくま新書）と佐藤洋一郎氏の『稲の日本史』（角川選書）です。片山氏の著書からは、日本列島に来た人類が旧石器・縄文・弥生と長い時間を経ることにより倭人《わじん》（日本人の先祖）になったことを、佐藤氏の著書からは稲作が中国江南地域から伝播《でんぱ》したことを学びました。

倭人と稲作文化は、ヤマト朝廷を成立させます。古墳時代に成立した「王権」が滅ぶことなく長い間存続したというのは世界史的にも珍しいことです。このことが、日本という国家と日本人という民族の特殊性を生むことになったのだと考えるようになりました。

歴史書は、ただやみくもに読むだけでは興味もあまり湧きませんし、内容が頭に入ってきません。まず、何かを知りたいという問題意識を持つことによってそのテーマに関する本が読みたくなり、その内容を自分のものにできるのです。


本書は、教養を身につけたい人、また日本史に興味を持ちながら、何から始めればよいのかよくわからないという人のために書いたものです。

初級編では、大学史学科の学びのあり方と日本史の基礎知識について概観し、歴史を専門的に学ぶ意味を考えてみました。中級編では、原始・古代から近代まで、私が歴史の現場を歩いてみて、そこで得られた知見を紹介しました。歴史散歩は楽しいですし、歩くことによって歴史はより身近なものになり、理解も深まります。そして上級編では、日本史の調べ方や歴史博物館の紹介、歴史研究の素材になる史料の読み方の初歩を解説しました。巻末には、各時代をつかむために参考になる歴史書のブックガイドを掲載しています。

本書をきっかけに、日本史の勉強や研究の第一歩を踏み出していただければ、著者としてはたいへん嬉しく思います。

歴史の勉強法――確かな教養を手に入れる◆目次

初級編

基礎知識を学ぶ

中級編

歴史の現場を歩く

上級編

調べる・古文書を読む

初級編

基礎知識を学ぶ

日本史に興味はあるが、何から始めればよいのかよくわからない、という人が多いようです。興味を持ったきっかけは、司馬遼太郎《しばりようたろう》さんの歴史小説を読んだとか、映画やテレビドラマで歴史物を見た、などさまざまでしょう。これは歴史へのいい入り方だと思います。

しかし、それらは創作なので、歴史そのものとは違います。小説やテレビドラマを超えて、歴史の真実に近づこうとするのであれば、歴史研究とは何かを知ることが必要です。一般に歴史を学ぶと言えば、詳しい歴史を知ることだと思っている人が多いと思います。しかし、それと大学で専門に歴史を学ぶこととは違います。

大学の歴史学は、史実を覚えることではなく、史実を探究していくものです。こうした大学での歴史学を出発点に、歴史学の基礎知識を概観していきましょう。

1 大学史学科のカリキュラム

一般的な史学科の場合

まず、大学の史学科では、どのようなカリキュラムがあるのか、紹介しましょう。

大学に入学すると、まず「基礎ゼミナール」があるのが一般的です。これは、多くは新書レベルの歴史書を読み、各自がその内容をまとめて発表する形式で行われます。こうして、高校時代までの暗記中心の歴史学習から離れ、また小説とは違う歴史の世界に近づくわけです。

二年次では、「史籍講読」があります。これは、半期で週二回という形を取ることもあります。古代史、中世史、近世史、近代史などに分かれ、徹底的に史料の読み方を学習します。自分が専門としたい時代だけではなく、近接の時代、たとえば近世史を専門としたい学生なら中世史の「史籍講読」も履修《りしゅう》する、ということが求められます。活字史料を読んでいくことが多いのですが、中には古文書《こもんじょ》の読解を行うこともあります。

三年次では、「演習」があります。いわゆるゼミです。指導教官ごとのゼミに分かれ、歴史研究の方法を身につけていくことになります。ここでは、古文書の読み方を教わるだけでなく、テーマを決めて、それぞれが多くの文献にあたってわかったことを報告する、ということが行われます。

新しく大学教員になった教え子から、「演習」では、どのようなことをすればいいのかと尋ねられた時、まず新井白石《はくせき》の『折りたく柴の記』や荻生徂徠《おぎゅうそらい》の『政談』、松平定信の『宇《う》下人言《げのひとごと》』などを輪読しながら、ゼミ生をグループ分けし、そこで出てきた疑問点を各グループの学生に調べさせて報告させる、という助言をしたことがあります。

たとえば『折りたく柴の記』では、白石が嫌った勘定吟味役《かんじょうぎんみやく》荻原重秀《おぎわらしげひで》への批判が記されているので、元禄期《げんろくき》における荻原の貨幣改鋳《かいちゅう》などの政策、また、白石の行った朝鮮通信使への待遇《たいぐう》の簡素化からは、江戸時代の日朝関係など、いくつも重要なテーマが浮かび上がります。それを学生は、専門の論文を読みながら理解し、自分なりの見解を加えて報告するわけです。

この三年次までに、歴史学研究の方法論や史学史を学ぶ「史学概論」の履修が必修となります。また、古文書のさまざまな形式を学ぶ「古文書学」なども不可欠な科目です。さらに、三年次以降は、特定のテーマを講義する専門科目群である「特殊講義」で、自分の専門とする分野の講義を聴講することになります。大学によっては、二年次からこうした講義を聴講することが推奨《すいしょう》されます。

四年次は、「特殊講義」のほか、「演習」でさらに歴史研究の方法を学び、それと並行して卒業論文の執筆を行います。このため、指導教官から個別指導を受ける「卒論ゼミ」なども開講されます。

こうして、四年次の十二月あるいは一月までに、原稿用紙にして六十枚から百枚程度の卒論を執筆し、提出することになります。卒論は、授業のレポートと違い、自分のオリジナルな見解を書き込まなければいけません。そこまでいくのはたいへんで、長いレポートのような卒論しか書けない学生も多いのですが、指導教官の多くは、感想でもいいからそのテーマについての自分の見方を書くよう指導しています。

東京大学国史学科のゼミと講義

東大では、二年次までは教養学科に所属するので、二年の前期までは専門の授業はありません。広く一般教養を学ぶことになります。ただ、私が在籍した頃は、「一般教養ゼミナール」というものがあり、ゼミ形式で専門の歴史学の初歩を学ぶことができました。

私は、一年次で北海道大学から赴任されたばかりの日本中世史の義江彰夫《よしえあきお》先生のゼミを履修しました。このゼミは、前九年の役《えき》の軍記である『陸奥話記《むつわき》』などを読み、関連する史実を調べて報告する、というものでした。義江先生は、大著『鎌倉幕府地頭職《じとうしき》成立史の研究』（東京大学出版会）を書いて東大に戻ってこられたばかりだったので、たいへん張り切っておられ、こちらが消化不良になるほどさまざまな軍記のコピーを配ってくださいました。

私は、このゼミで、鎌倉幕府の成立は何年とするのが妥当《だとう》なのか、というレポートを書きました。鎌倉幕府の成立が、源頼朝が征夷《せいい》大将軍となった一一九二年なのか、守護《しゅご》・地頭が設置された一一八五年なのか、頼朝が鎌倉の軍事政権を樹立した一一八〇年なのか、はたまた寿永《じゅえい》の宣旨《せんじ》の出た一一八三年なのか、右近衛大将《うこんえのたいしょう》に任じられた一一九〇年なのかという、当時、さかんに議論されていた研究史を整理し、それらの説を比較検討して、「武士を中心として見れば一一八〇年がよく、朝廷を中心として見れば一一九〇年か一一九二年になる。一一八三年や一一八五年は両者の折衷案《せっちゅうあん》にすぎない」という見解を提出しました。

その頃は、鎌倉幕府以降は武士の時代だと思っていたので、本心は一一八〇年説だったのですが、現在は、鎌倉・室町の両幕府とも、朝廷を中心に見た方が日本史は理解しやすい、と考えています。これについて詳しく知りたい読者は、拙著《せっちょ》『天皇125代と日本の歴史』（光文社新書）を参照してください。

現在、歴史教科書で問題となっている鎌倉幕府の成立が「一一九二（イイクニ）」なのか、「一一八五（イイハコ）」なのかという問題は、四十年前にすでに問題となっていたのです。義江先生が我々学生を連れて、鎌倉を案内してくれたことも楽しい思い出です。

二年次では、日本近世史の阿部善雄先生のゼミを取りました。こちらは、江戸時代の農村文書を読む、というもので、最初からくずし字の史料を読んでいきました。最初の文字から読めず、専門課程に進んだらこれを読まなければならないのかと思い、絶望的な気持ちになったことを覚えています。

三年次になって、本郷《ほんごう》の文学部に進学し、専門の時代を決めて、ゼミに参加することになります。私は、石井進先生の中世史のゼミと尾藤正英《びとうまさひで》先生の日本近世史のゼミに参加しました。特殊講義では、石井先生の「古文書学」、尾藤先生の「日本思想史」、そのほか西洋史や東洋史の特殊講義も受講しました。

尾藤先生は、会沢安《あいざわやすし》（正志斎《せいしさい》）の『新論』をはじめとする尊皇攘夷《そんのうじょうい》思想のエッセンスを講義されましたが、内容は高度で、聞いているだけでは何が問題になっているのかなかなかわかりませんでした。尾藤先生の『岩波講座　日本歴史13』に収録された「尊皇攘夷思想」という論文を見つけ、それを読んで、尊王攘夷思想が江戸時代の思想の中から出てきた理由をどうにか理解することができました。

どうしてくずし字を読めるようになったのか

東大の演習や講義では、くずし字史料を読むものはありませんでした。その代わり、大学院生が自主ゼミをやってくれていました。中世史では「影写本《えいしゃぼん》を読む会」がありました。影写本とは、原本史料の上に薄い紙を置き、専門の技官が原本の字を忠実になぞって透き写したものです。史料編纂所《へんさんじょ》では、明治時代以来、全国に史料調査を行って、多くの原本史料を影写しており、現在ではすでに原本が失われたものも多いため、日本中世史史料の宝庫となっています。これを読むことによって、中世史料の読解ができるようになり、また古文書学的知識も身につけることができました。

近世史では、当時助手だった吉田伸之さんが史料編纂所の高木昭作助教授（当時）に依頼して「近世初期文書を読む会」を組織してくれ、島津《しまづ》家文書に収録された豊臣政権期の武将の書状（手紙）を読んでいきました。これらの自主ゼミがあったおかげで、私は武将たちの書状を読むことができるようになりました。

近世史では、そのほかに、泊まりがけで農村史料などの調査にも行きました。当時は、山梨県富士吉田市にある大明見《おおあすみ》という地域の区有文書の調査が行われており、ここでろくに読めない文書を眺めつつ目録をとっていくことによって、不思議なことにある程度読めるようになりました。この調査は、東大だけでなく、お茶の水女子大学教授（当時）の大口勇次郎先生のゼミ生も参加してくれていたので、たいへん楽しい合宿でした。

その後も、東大とお茶大共同の農村史料調査は、千葉の農村や山梨の農村などで継続的に行われました。東大の多くの学生がくずし字を読めるようになったのも、この調査があったからです。

東大の場合は、三年次になってから本格的に日本史専攻の講義や演習を受け、次の四年次ではもう卒業論文を書かなければなりません。それでも学会誌に掲載されるような優《すぐ》れた卒論を書く学生も少なくないのですから、それでよかったのでしょう。私は、のちに卒業論文を基礎にした「家康の公儀占拠への一視点」という論文を『歴史学研究』という学会誌に投稿し、受理されて掲載されました。

この論文は、秀吉と戦国大名を仲介する「取次《とりつぎ》」という存在に焦点をあてたもので、石田三成《みつなり》・増田《ました》長盛《ながもり》という豊臣政権の奉行《ぶぎょう》の行動も「取次」という視点から理解できることを主張しました。その後、これに依拠《いきょ》した多くの論文がほかの研究者によって発表されました。もう四十年も前の話ですが、今では「取次」はこの時代の基礎的な概念となっており、戦国大名の外交も「取次」という視点から分析されています。

考えようによれば、わずか一、二年の研鑽《けんさん》で日本史学会レベルの論文が書けるようになるのですから、日本史に興味のある方が正しい学習法で歴史を学べば、研究者に太刀《たち》打ちできる実力を身につけることも不可能ではありません。

2　歴史を専門的に学ぶことの必要性

専門家と素人の違い

平安時代研究の第一人者であった土田直鎮《なおしげ》氏は、「すべての歴史学者にかならず要求されねばならぬ資格」として、「自分で原史料を読解し、操作する能力」をあげ、「概説書や、他人の論文をいくら読んでも、それだけでは、けっきょく、しろうと、あるいは歴史論者の域を出ず、けっして歴史学者というべきではないのである」と書いています（『日本の歴史5　王朝の貴族』中央公論社）。

歴史解釈の根本は史料にあり、それを離れた史論は空想の域を出ない、というのです。確かに、歴史の専門家かそうでないかは、自分で史料を分析できるかどうかにかかっていると言っていいでしょう。たとえば、相対立する二つの説の妥当性を吟味《ぎんみ》する時、それぞれの説はともに史料的根拠があって立てられたものなので、根拠となる史料の真偽や解釈などを検討しないと、ただ自分はこう思う、と言うにとどまることになります。史学科のカリキュラムで「史籍講読」が重視されるのは、そのためです。

それから、日本史には、身につけなければならない基礎知識があります。これがないと、専門家から見ると荒唐無稽《こうとうむけい》なことを平気で言うことになります。我々歴史の専門家は、文章を少し読んだだけで、そうした基礎知識があるかどうかがすぐにわかります。この著者は素人《しろうと》っぽいなと思うと、いかにいいことを言っていても、信頼する気になりません。学問的な手続きを経た説なのか、単なる思いつきなのか、それが問題なのです。

社会学の碩学の遣り取り

たとえば、二〇一六年に刊行された橋爪大三郎《はしづめだいさぶろう》さん（東京工業大学名誉教授）と大澤真幸《まさち》さん（元京都大学教授）の対談である話題の本『げんきな日本論』（講談社現代新書）を読んでみましょう。お二人はともに社会学者で、この本は、「歴史上の出来事の本質を、社会学の方法で、日本のいまと関連させる仕方で掘り下げる」（「まえがき」より）という謳《うた》い文句で、日本史を論じたものです。

その中で、たとえば、次のような遣《や》り取りがあります。

大澤　確認なんですが、〈源頼朝が任じられた〈筆者注〉〉右近衛大将。右近衛だから、御《ご》所《しょ》かなんかの警備をする？

橋爪　まず、武官ですね。

大澤　武官ですね。右近衛だから、左近衛と右近衛があって、右近衛のほうがちょっと格が高いんですか、そうすると。

橋爪　どっちが高いのかな。左大臣、右大臣は左大臣が上じゃないか？

大澤　上ですね。でも、考えてみると、平安政権には正式な政府軍はないですから、近衛の、警備兵の中のトップのポストに任命してあげれば、軍のトップに就《つ》くのと似たようなことになるということですか？

橋爪　警備兵は衛士《えじ》と言って、衛士府。だから衛士府と、近衛府《このえふ》は違う。近衛府は直属軍じゃないのかな。

大澤　直属軍。天皇に対する？

橋爪　はい。近衛師団、みたいな。

（中略）

橋爪　外戚《がいせき》になって朝廷を乗っ取るには、まず天皇家の血筋が独立に存在しなければならない。ゆえに院政という対抗手段がある。これをつぶす破目になるのは、避けたい。で、右近衛大将の重要な点は、身分が高くないことなんです。かなり下のほう。

大澤　太政大臣《だいじょうだいじん》とかじゃないですもんね。

橋爪　高い位をやるとか言われたはずだが、頼朝はぜんぶ断って、下《した》っ端《ぱ》のノンキャリアみたいなポストに就いた。だから京都にいる必要はない。

大澤　うーん、なるほど。

これを読んで、どう感じられたでしょうか。なるほど、と思う人もいるかもしれませんが、これはあまりに日本史の基礎知識のない遣り取りの一例です。

右近衛大将という官職

まず、左近衛と右近衛のどちらが格が高いかと言えば、左近衛です。これは、橋爪さんの言う通り、どの官職でも左が格上です。しかし、右近衛大将が「下っ端のノンキャリア」かと言えば、それは大きな誤解です。

近衛大将は、朝廷の武官の中で最高位の官職です。本来は、征夷大将軍よりも上です。そして、近衛大将は、文官のトップ集団である太政官《だいじょうかん》の一員である大納言《だいなごん》などと兼務する役職です。

太政官は、通常は左大臣、右大臣、内大臣、大納言、中納言、参議で構成されます。大納言は大臣に次ぐ地位で、大臣に代わって太政官の政務の責任者にもなれます。つまり、後白《ごしら》河《かわ》法皇率いるこの時期の朝廷は、頼朝に武家としては最高級のポストを与えた、ということです。

ちなみに、なぜ左近衛大将ではなく右近衛大将かと言えば、左近衛大将は摂関家《せっかんけ》が就く官職だったからです。右近衛大将は、それに次ぐ清華家《せいがけ》（久我《こが》・三条〈転法輪《てんぽうりん》〉・西園寺《さいおんじ》・徳大寺《とくだいじ》家など）が就く官職なので、それを取り上げて頼朝に与えた、ということです。

後に、室町幕府を滅ぼした織田信長に朝廷が与えた官職も、権《ごん》大納言兼右近衛大将です。朝廷が武家に右近衛大将を与えるというのは、武家の棟梁《とうりょう》として認知したということなのです。この意味は大きいことなので、押さえておかなければいけません。

この時、もし征夷大将軍を与えていたとしたら、この官職はもともと蝦夷《えぞ》を討伐するために置かれたものなので、関東にいてもよい、ということになります。後白河法皇が、頼朝に征夷大将軍は与えず、右近衛大将を与えた、ということは、上洛《じょうらく》して自分に仕《つか》えよ、というメッセージです。鎌倉のような田舎《いなか》に引きこもっていないで、京都で高官に就き、武家の棟梁として朝廷に仕えることを要請したのです。

しかし、頼朝はあくまで鎌倉にとどまり、後白河法皇の崩御《ほうぎょ》後、後鳥羽《ごとば》天皇から征夷大将軍の官職に任命されます。これが建久《けんきゅう》三年、つまり一一九二年です。

古くは朝廷は、人民から徴発《ちょうはつ》した対外戦争も可能な直属軍を持っていましたが、平安時代中期になると、御所を警備する近衛府や衛門府、京都の治安を守る検非違使《けびいし》のほかは直属軍を持っていません。反乱が起こった時などは、朝廷の軍事貴族が追捕使《ついぶし》などに任命されて現地に下《くだ》り、周辺の武士団を配下に入れて討伐する、という方式でした。

近衛大将は、内裏《だいり》を警備し、行幸の時は弓箭《ゆみや》を帯して供奉《ぐぶ》し、儀式の時にも威儀を正す晴れがましいものでした。従三位《じゅさんみ》相当で、大納言、中納言が兼帯《けんたい》し、時には内大臣が兼帯することもあるほどで、上級貴族にとってはぜひともなりたい官でした。後白河天皇の側近だった藤原信頼は、大将になろうとして信西《しんぜい》（藤原通憲《みちのり》）に邪魔され、それが平治《へいじ》の乱のきっかけになったほどです。

なぜ幕府に朝廷が必要なのか

これはかなり重要な問題です。揚げ足取りのようですが、『げんきな日本論』で、大澤氏は橋爪氏の発言を、幕府が開かれたことで、「天皇がもはや主君ではない状態」だと解釈しています。だからこそ、律令制の官職である右近衛大将として、名目的に「律令国家のうちにある」と宣言した、というのです。

これはおもしろい指摘だと思いますが、しかし、頼朝はあくまで後白河法皇を守る武士としての立場を踏み外《はず》したことはありません。もし、そんなことをすれば、自分が武家の棟梁であるということの正当性を失ってしまうからです。

こうした国家体制は、中世を通じて続きます。平安時代の摂関政治のように、武士が貴族の使用人（これが「侍《さむらい》」の語源です）だった状態を脱し、朝廷と幕府が中世国家の重要な構成要素になりますが、それは両者が対抗関係にあって均衡《きんこう》を維持しているということではありません。朝廷と幕府の併存を、両者ともに維持しようとしていたのです。

承久《じょうきゅう》の乱（承久三年〈一二二一〉）で後鳥羽上皇が執権《しっけん》北条義時《よしとき》追討の宣旨《せんじ》を出した時、義時はかなり動揺します。君主から追討を命じられたのですから、当然の反応でしょう。その義時を励ましたのは、大江広元《おおえのひろもと》・三善康信《みよしやすのぶ》ら、京都から下って頼朝の政権を実務面から支えていた官人たちでした。彼らは、後鳥羽の追討宣旨が、後鳥羽個人の先走った行動で、公家集団を含む朝廷の合意を得たものではないことがわかっていたからこそ、義時に京を攻めるよう勧めたのです。

そして承久の乱が幕府側の圧倒的勝利に終わり、後鳥羽をはじめとする三上皇を配流《はいる》し、天皇を廃しても、幕府は天皇制を潰《つぶ》そうとは夢にも思いませんでした。むしろ、傍流の皇族から天皇を擁立《ようりつ》するなど、懸命に朝廷の再建を行っていくのです。幕府の正当性を保証するものが、朝廷だったからです。

日本史を史料に基づいて見ていない人は、当時の人々の感覚がわからないので、「なぜ天皇制は続いたのか」という問いを立てることが好きなようです。大澤氏も、「(藤原氏に)そんなに権力があるなら、なぜ天皇を倒して、藤原王朝をつくらないのか」と言っていますが、摂関政治というのは、天皇の外戚であることが摂関の権力の源泉であり、天皇を離れて自立できるようなものではありません。この時代は、天皇と摂関が対立しているわけではなく、摂関は天皇の保護者として天皇の政治を代行しているのです。

そして、鎌倉・室町の時代は、幕府が国家の軍事・警察・徴税などを代行する体制でした。幕府の守護・地頭などの警察力があるから、京都の公家は、荘園からの年貢《ねんぐ》なども受け取れたわけです。そして幕府も、朝廷から認められているから、そうした役割を担う正当性を得ていたのですから、両者は依存関係にありました。どちらかがどちらかを打倒する、というような関係ではないのです。

江戸幕府の直属軍

また橋爪氏は、江戸時代の幕府の軍隊について次のように言っています。

橋爪　徳川幕府に、幕府軍は存在しない。圧倒的な軍事力は、どこにもない。軍事力がないにもかかわらず、二五〇年間、大名同士の抗争がなかったというのは、じつに不思議なことだと思う。しかも大名は、みな戦闘能力があり、自衛権もあったのに、ですよ。

これは、まったくの誤解で、江戸幕府には平時でも、旗本軍として五番方（大番・書院番・小姓組番《こしょうぐみばん》・新番・小十人組《こじゅうにんぐみ》）がありました。新番・小十人組は幕府ができてから編成されるので別としても、幕府成立期には大番十二組、書院番八組、小姓組番六組の直属軍があります。大名に戦闘能力があると言うのなら、幕府には個別藩をはるかにしのぐ戦闘能力があったわけです。

また、譜代《ふだい》大名は関ヶ原の合戦以前からの徳川家の家臣ですから、本来は幕府の直属軍の一翼《いちよく》として軍事行動をとるわけで、もし特定の大名が徳川家に対して反乱を起こせば、周囲の譜代大名や幕府に従う外様《とざま》大名が幕府に命じられて鎮圧《ちんあつ》に向かうでしょう。

幕府自身も、大坂の陣までは、譜代大名のみならず旗本部隊が戦闘に参加しています。この場合、先鋒《せんぽう》として戦うのは、先手《さきて》鉄砲組、先手弓組など足軽《あしがる》部隊と、譜代大名か高禄の旗本に統率される大番各組で、書院番、小姓組番は将軍の周辺にあって将軍を守ります。

こうした圧倒的な軍事力があるからこそ、もとは徳川家と同格だった外様大名も幕府に従ったのであって、中央政府である幕府に軍事力がないのに大名同士の抗争がない、などということがあるはずがありません。

ただ、平和な時代が長く続いたことでそれが目立たなくなり、実際にも長州戦争で幕府が軍勢を派遣した時は、御三家以下の大名に出陣を命じました。しかし、将軍家茂《いえもち》には直属軍がついていましたし、大名が動員に応じたのは、幕府自身に圧倒的な軍事力があると思っていたからでした。

従って、問題は幕府軍が存在しないことではなく、なぜ幕府軍が有効に作動しなかったのかということなのです。これは、譜代大名が藩として自立し、旗本も身分的にたいへん高い位置づけがなされていたため、前線で戦うことがなくなっていた、ということでしょう。

日本史は、基本的な知識がないときちんとした議論ができず、いかにおもしろくても「砂上の楼閣《ろうかく》」であることがわかっていただけたと思います。

なぜ攘夷のはずが、開国になるのか

最後に、重要なテーマでのお二人の議論をとりあげてみましょう。「なぜ攘夷のはずが、開国になるのか」という論点です。

この問題に対して大澤氏は、「途中でほとんどの人が攘夷に現実味がないことに気づき、本気で攘夷するつもりはなかったのですが、とりあえず、幕府内の守旧派とか幕府そのものとかに反対するために、戦略的に攘夷を主張していただけ。結局、幕府を倒したら、攘夷などするつもりはなく開国した、ということではないでしょうか」と整理します。

橋爪氏は、攘夷か開国かは枝葉で、「根本は、日本が植民地にされてしまうのか、それとも独立を全《まっと》うするのか」の問題だとして、日米和親条約の効果を「条約で、日本の独立が保障された。それなら、戦争をするまでもない。攘夷は必要なくなってしまった。ゆえに開国しても、なんの問題もない」と指摘します。

しかし、これらの議論はあまりに現代的な解釈で、当時の武士たちの心情からはかけ離れています。幕府は、十九世紀初頭のロシアとの交渉の中で、「鎖国」が祖法だというイデオロギーを浸透させました。正確には、「通信の国（朝鮮・琉球）」と「通商の国（オランダ・清《しん》）以外の外国とは通信も通商もしない、ということですが、江戸時代の人はこの体制が「鎖国」で望ましいものだと考えていました。

それなのに幕府は、ペリー艦隊の武力を恐れて日米和親条約を結んでしまいます。そのため武士たちは、条約締結が日本の屈辱だと考え、幕府に攘夷の立場をとらせるために運動します。しかし幕府は、勅許《ちょっきょ》もなく日米修好通商条約まで結びます。これによって幕府の威信は失墜《しっつい》します。このことが幕府が倒れることになる最大の要因だと私は思っています。幕府を批判するための戦略というような浅薄《せんぱく》な認識ではありません。

幕府の開国派も、単純な開国論者ではありません。今、戦争になったら勝てないという情勢認識から、開国して欧米諸国の進んだ軍事技術を学び、将来「鎖国」が実現できる国家を作ろう、というものでした。「開国しても、なんの問題もない」というような割り切り方はできなかったのです。

したがって明治新政府の政策は、「富国強兵」になります。政府を構成した元攘夷派の武士たちは、屈辱的な日本の状況を、自立した誇りある日本に回復しようと考えていました。そしてそれを実現するために、武士身分をも廃止し、国民皆兵《かいへい》の体制を作り上げました。これは言うまでもなく、その方が強力な軍隊が作れるからです。

この悲願は日清・日露の両戦争に勝利することによって実現します。しかし、その勝利の経験が日本人の過信をもたらし、紆余《うよ》曲折《きょくせつ》はあるにせよ、結局は太平洋戦争という無謀な選択をもたらすことになるのです。

歴史上の出来事の本質を、「日本のいまと関連させる仕方で掘り下げる」のが社会学の方法だということなので、現代的な解釈をすることに違和感がないのかもしれません。

そのことの是非はさておき、歴史学の方法は、歴史上の出来事を史料に基づいて明らかにし、当時の歴史的状況においてその本質を解釈し、過去の出来事との因果関係を探っていく、というものです。そのため、当時の人々がどのような社会で生き、どのような発想をしていたのかを探究し、理解することが目的になります。こういうところに、歴史学と社会学という学問の方法上の違いがあるのかもしれません。

3　旧国名を覚える

旧国名が出てくる理由

基礎知識は、日本の歴史を学ぶことから始まります。基本的には、高校の日本史教科書レベルの知識を身につけるということですが、教科書は教師の授業を前提としているので、読んだだけではわからないことも多いと思います。教科書を執筆する時は、「てにをは」まで注意深く書いているのですが、それで表現したつもりのニュアンスは、あまり伝わっていないかもしれません。

そのため、自分の興味のある時代について、これまで大手の各出版社から出版されている『日本の歴史』（これは時代ごとの概説です）やテーマを絞《しぼ》って一般向けに書かれている新書などを読んで、知識を深めることが必要になります。

これがすらすら読める人なら問題はないのですが、少し読みにくいと思った人は、おそらく歴史研究者なら当たり前になっている知識がないのだと思います。特に、最近の日本史の概説書などはそうですが、けっこう高度な用語が説明もなしに使われていることが多いのです。

歴史を学ぶ前提として、まず覚えた方がいいと思うのは、旧国名です。たとえば信濃《しなの》（長野県）などと現在の県名をカッコ書きで注記していることも多いのですが、これは覚えてしまった方がいいです。

歴史研究者が、本を書く時になぜ旧国名を使うかと言えば、その方が歴史を描くのに適しているからです。かつての「国」は、それなりにまとまりのある地域を呼んでいますが、明治になって国を統合して府県が生まれたことによって、まとまりのない二つの国が同じ県名で呼ばれることになりました。

たとえば、愛知県は、尾張《おわり》と三河《みかわ》の二国で構成されます。だからと言って、戦国時代の歴史を書く時、織田信長と徳川家康の同盟を説明する場合、「愛知県西部の織田信長と愛知県東部の徳川家康が同盟を結び」と書いたのでは、あまり違いがわかりません。ここはやはり、「尾張の織田信長と三河の徳川家康が同盟を結び」と書きたいところです。それぞれの国には歴史的に形成されたまとまりと独自性があるからです。

国名の不思議

旧国と現在の県の関係については、四五ページの表を見てください。一国が一県になっている場合もありますが、多くは二国ないし三国で一県を構成します。ただし、出羽《でわ》と陸奥は広大な領域を占め、逆に二県ないし三県に分かれています。

たとえば幕末維新期の本を読むと、「長州」という国名が出てきます。これは、「長門《ながと》」のことです。長門は長州と呼びながら、薩摩《さつま》は薩州とはあまり言わず、「薩摩」と言うのが一般的です。このように、国によって呼び方の原則が違うことがあります。

「信濃」は、長野県にある国立大学を信州大学と言うように、「信州」と言う方が一般的です。

「○州」と言う場合、長州、信州のように、最初の文字を使うことが多いのですが、たとえば出雲《いずも》と出羽があって、どちらかを「出州」というわけにはいかないので、これは「雲州《うんしゅう》」「羽州《うしゅう》」となります。

美濃《みの》と美作《みまさか》も、「濃州《のうしゅう》」「作州《さくしゅう》」となります。美濃の場合、東美濃と西美濃では産業や生活がずいぶん違うので、「東濃」「西濃」と分割して呼ぶこともあります。東濃は陶器などの生産が盛んで、山がちな地域も含まれます。一方、西濃は、東国から京都に出る時に必ず通る道筋なので、交通が発達しています。

「美濃」は「みの」ですが、「濃州」になると「のうしゅう」と読み、「美作」は「みまさか」ですが、「作州」は「さかしゅう」ではなく「さくしゅう」と読みます。読み方が変わりますが、一字になっているのでそうなるわけです。

いくつかの国名を合わせて呼ぶこともあります。たとえば、大坂城を根拠にした豊臣秀頼《ひでより》の領地は「摂河泉《せっかせん》」と表現されます。摂津《せっつ》、河内《かわち》、和泉《いずみ》の三カ国を領していたということです。

ちなみに室町時代に成立した『人国記《じんこくき》』には、摂津（大阪府北西部と兵庫県南東部）は「我々がちなる風俗故に、欲にふけり、威に恐るる」、河内（大阪府東部）は「風俗上下男女ともに気柔らかにして」、和泉（大阪府南部）は、「風俗曾《かつ》て実儀なく」などと、その特徴が指摘されています。国ごとに人々の風俗（性質や行動様式）が違うという認識があったことがわかります。

岡山県に「両備バス」というバス会社がありますが、「両備」というのはもと吉備《きび》国のうち備前《びぜん》・備中《びっちゅう》の二国を言うものです。もう一つ、備後《びんご》がありますが、これは広島県になるので、三備にはなっていません。

国名・都府県名対照表

国名		都道府県名
陸奥《むつ》	陸奥	青森
	陸中	岩手（秋田）
	陸前	宮城
	磐城	福島
	岩代	
出羽《でわ》	羽後	秋田
	羽前	山形
下野《しもつけ》		栃木
上野《こうずけ》		群馬
信濃		長野
飛騨		岐阜
美濃		
近江		滋賀
越後		新潟
佐渡		
越中		富山
能登		石川
加賀		
越前		福井
若狭		
安房《あわ》		千葉
上総《かずさ》		
下総《しもうさ》		
常陸		茨城

国名	都道府県名
武蔵	埼玉
	東京
相模	神奈川
伊豆	静岡（東京）
駿河	
遠江《とおとうみ》	
甲斐	山梨
三河	愛知
尾張	
伊賀	三重
伊勢	
志摩	
大和	奈良
山城	京都
河内	大阪
和泉	
摂津	
但馬《たじま》	兵庫
丹波	
丹後	京都
因幡《いなば》	鳥取
伯耆《ほうき》	
隠岐	島根
出雲	
石見《いわみ》	
播磨	兵庫

国名	都道府県名
美作《みまさか》	岡山
備前《びぜん》	
備中《びっちゅう》	
備後《びんご》	広島
安芸	
周防《すおう》	山口
長門《ながと》	
筑前	福岡
筑後	
豊前《ぶぜん》	
豊後《ぶんご》	大分
肥前	佐賀
壱岐	長崎
対馬	
肥後	熊本
日向《ひゅうが》	宮崎
大隅	鹿児島
薩摩	
紀伊	和歌山（三重）
淡路	兵庫
阿波	徳島
土佐	高知
伊予	愛媛
讃岐《さぬき》	香川

（　　）内は、一部が他県に編入されたものを示す。
参考：『山川　詳説日本史図録』（山川出版社）

「越《こし》の国」は、越前《えちぜん》、越中《えっちゅう》、越後《えちご》に分割されました。これらの国は「○州」とは言いません。この地域で栽培される銘柄米《めいがらまい》である「コシヒカリ」は、イメージとして新潟県(越後)の魚沼《うおぬま》地方で収穫された米が中心のように思っていたのですが、福井県に出張に行った時、ホテルの朝食の説明で、「コシヒカリ」がもともと越前で開発された米であることを知りました。確かに、福井県も「越の国」でした。

そのほか、山城《やましろ》・大和《やまと》・摂津・河内・和泉の五カ国を「五畿内《ごきない》」あるいは「畿内」と呼びます。これらの国は、古くからの朝廷の支配国なので、特別な位置にあったわけです。「畿内近国」と言えば、これに近江《おうみ》・丹波《たんば》・丹後《たんご》などを加えます。

現在でも天気予報など広域を示す必要がある場合に使うのは、「関東甲信越」という言い方で、関東は、武蔵《むさし》・相模《さがみ》・安房《あわ》・上総《かずさ》・下総《しもうさ》・上野《こうずけ》・下野《しもつけ》・常陸《ひたち》の八カ国、甲信越は甲斐《かい》・信濃・越後で、東京・埼玉・神奈川・千葉・群馬・栃木・茨城に山梨・長野・新潟の各県を総称する用語です。

藩の呼び方

江戸時代の藩も、この旧国と密接な関係があります。一国以上を領する藩の場合、その国名で呼ぶことが多いからです。

たとえば、肥後《ひご》藩という呼び方があります。この藩は、江戸時代初期には加藤清正《きよまさ》が領し、三代将軍家光《いえみつ》の時代に加藤家が改易《かいえき》（御家取り潰し）となり、細川忠利《ただとし》が藩主として入ります。城は熊本市にあるので、熊本藩とも呼びますが、旧国名で肥後藩とも言うわけです。

二国以上を領する藩の場合は、城のある方の国の名前で呼びます。長州藩毛利《もうり》家は、長門・周防《すおう》の二国を領していますが、城は長門国の萩《はぎ》にあるので長州藩です。城地の地名をとって萩藩と呼ぶこともあります。観光コースとして、「萩・津和野《つわの》」は有名ですが、こう書かれると、萩が幕末に活躍した「長州藩」だとすぐにはイメージできなくなります。

周防藩と言わないのは萩が長門に位置するからで、長州が長門・周防を総称しているということではありません。高校時代、歴史好きの友人が日本史の授業で、禁門《きんもん》の変を起こした藩を先生から質問されて「長門です」と答えたところ、「違う、長州だ」と訂正されて、先生を馬鹿にしていたことがありました。友人は、正確な国名を答えたのですが、先生は「長州」が毛利家の領地全体を指すのだと誤解していたようです。

薩摩藩は、薩摩・大隅《おおすみ》の二国に加えて日向《ひゅうが》に一郡を領していますが、薩摩の鹿児島に城があるので薩摩藩になります。鹿児島藩とも呼びますが、薩摩藩が一般的です。

加賀藩は、加賀・能登《のと》・越中の三カ国を領し、富山藩・大聖寺《だいしょうじ》藩の二支藩を含め百二十万石《ごく》の石高を誇ります。ここも、本藩の城が加賀の金沢にあるので、加賀藩です。金沢藩とはあまり言いません。

一国を領しない藩の名は、城があった地名で呼びます。長野県松本市にあれば松本藩、埼玉県川越《かわごえ》市にあれば川越藩です。旧国名を上につけて、「信濃松本藩」「武蔵川越藩」と言うこともあります。ただ、松本や川越といった有名な地名は国名を省略することが多く、同じ地名があったり、地名だけではどこにあるかわからないような藩は、上に国名をつけます。

たとえば、岡山県高梁《たかはし》市にあった松山藩は、愛媛県松山市にあった伊予松山藩や山形県酒田市にあった出羽松山藩と区別がつかないので、必ず「備中松山藩」と上に国名をつけます。この藩は、池田・水谷・安藤などの大名が領しますが、十八世紀中頃に板倉家が入り、定着します。幕末の老中板倉勝静《かつきよ》が出た藩です。

すべて城のあった地名で呼べば統一的に呼ぶことができるのですが、これまでの慣行からなかなかそういうわけにはいきません。これも、その慣行を覚えた方が楽です。

城のある地名で呼ぶと言いましたが、二万石未満の藩は、城を持つことが許されません。

その場合は、陣屋《じんや》（藩主の居館をこう言います）のあった地名で呼びます。まれに毛利藩などと藩主の名前で呼ぶことがありますが、毛利藩のように江戸時代、一貫して同じ場所に領地を持っている場合はいいのですが、多くの藩は転封《てんぽう》（領地替え）を経験しているので、そういうわけにいかないことが多いのです。

4　官位について理解する

官職と位階

五世紀から六世紀にかけて、ヤマト政権は、豪族たちを氏《うじ》という組織に編成し、氏単位に職務を分担させ、彼らに「臣《おみ》」や「連《むらじ》」などの「姓《かばね》」を与えました。これを「氏姓制度」と言います。

聖徳太子《しょうとくたいし》（厩戸皇子《うまやどのおうじ》）が制定したとされる冠位十二階は、朝廷に仕える官人を十二のランクに分け、氏族ではなく個人に与えるものです。国家が、氏単位の豪族ではなく、個人を官人に組織したことを示すもので、これが日本における官僚制の発祥《はっしょう》です。

そして、飛鳥《あすか》時代後期から奈良時代にかけて完成する律令《りつりょう》制度によって、日本の官職と位階の制度が確立します。

位階は、一位から初位《そい》まで九の位に分かれ、それぞれが正《しょう》・従《じゅ》などに分かれますので、正一位から少初位下まで三十段階に分かれます。三位《さんみ》以上は正と従しかなく、四位から八位までは正・従、上・下の四段階があり、初位は大・少と上・下の四段階があります。五位以上が昇殿の許される「殿上人《てんじょうびと》」で、三位以上が「公卿《くぎょう》」として特に優遇されます。

大臣や大納言、参議などの「官」は、律令の令や格《きゃく》（律令を補完する規定）で相当する位階が決められているものを言い、「職《しょく》」は、蔵人《くろうど》や検非違使など律令制定以後に新たに設けられた「令外《りょうげ》の官（令にない官）」で、相当位が決められていないものを言います。両者を合わせて「官職」です。官に任ずるのを「任官」と言い、職を命じるのを「補職《ほしょく》」と言って、これも両者を合わせて「補任《ぶにん》」と言います。

平安時代の太政官

律令は、唐《とう》から導入されたものなので、日本の実情に合わないところもあり、官職制度も平安時代には「令外の官」が加わり、日本的な形で完成されます。ここでは、それを簡単に解説していきましょう。

国家を運営するのは、太政官です。太政官の最上層にあるのが公卿で、太政大臣、左大臣、右大臣、内大臣（平安時代中期以降に常置）、大納言、中納言、参議に任じられて国政を審議します。公卿は三位以上の貴族ですが、参議になれば四位でも公卿の列に加えられます。

摂政《せっしょう》は天皇が幼少の時に天皇を補佐する職で、関白《かんぱく》は成人した天皇とともに国政を執《と》る職です。ともに平安時代に設けられ、藤原氏の北家《ほっけ》がこの地位に就きました。大臣が本官であることが原則ですが、摂政だけ、関白だけを務める場合もあります。

太政大臣は、摂関を務めた大臣などが任じられる名誉職なので、実質は左大臣が首相の地位にあって「一上《いちのかみ》」と称し、公卿会議の審議を主導します。左大臣が関白になると公卿会議のメンバーから離れるので、右大臣が「一上」になります。全盛期の藤原道長が関白にならなかったのは、左大臣の地位に留《とど》まって公卿会議を主導する必要があったからだと考えられています（大津透『日本の歴史06　道長と宮廷社会』講談社）。

大納言は、定員二名で、権官《ごんかん》（定員外の官人）を含めて普通五、六人がいます。中納言は令外の官で、権官を含めて十人近くいます。参議は定員八名で、多くが三位ですが、四位の者も任じられました。

弁官《べんかん》は、太政官に付属し、後に述べる八省《はっしょう》・衛府《えふ》・諸国の役所との連絡にあたりました。いわば太政官の事務局で、大・中・少の弁官が置かれました。大弁《だいべん》は参議である例も多く、実務家で家柄のよい者が代々任じられました。弁官は権官を含めて七人おり、参議と合わせて「八座七弁」と称されました。

天皇の秘書官として諸方との連絡にあたったのは、蔵人所《くろうどどころ》でした。嵯峨《さが》天皇の時に置かれ、薬子《くすこ》の変の鎮圧に力を発揮しました。

たいへん重要な職で、長官の蔵人頭《くろうどのとう》は四位の殿上人から選ばれ、参議に欠員があれば昇進しました。いわば公卿へのキャリアパスでした。一人は近衛中将《ちゅうじょう》から、一人は弁官から選ばれ、前者を「頭中将《とうのちゅうじょう》」、後者を「頭弁《とうのべん》」と呼びました。特に頭中将は摂関家の御曹司《おんぞうし》が務めるのが通例です。紫式部の『源氏物語』で、光源氏の親友だった有力大臣家の子が一時期「頭中将」と呼ばれていたことを思い出してください。

八省と職・寮・司

太政官には、政務を行うため、中務省《なかつかさしょう》、式部省、治部省《じぶしょう》、民部省、兵部省《ひょうぶしょう》、刑部省《ぎょうぶしょう》、大蔵省、宮内省《くないしょう》の八省があります。これらの省の長官が卿で、たとえば中務卿、式部卿などと呼ばれます。

令制の官は四等官制をとっていて、長官《かみ》、次官《すけ》、三等官（判官《じょう》）、四等官（主典《さかん》）で構成されます。たとえば中務省では、長官が卿、次官が輔《すけ》（大輔《たいふ》・少輔《しょう》）、三等官が丞《じょう》（大丞・少丞）、四等官が録《さかん》（大録・少録）になります。位階で言えば、中務卿が正四位上、中務大輔が正五位上、中務少輔が従五位上です。中務大丞は正六位上で、三等官以下は殿上人ではありません。

中務省は、宮中関係のことを職掌《しょくしょう》とするので、八省の中でも特別に地位が高く、位階も他の七省よりも一段階ずつ上にありました。他の七省では、卿が正四位下、大輔が正五位下、少輔が従五位下でした。

各省には、管轄《かんかつ》する職《しき》・寮《りょう》・司《し》がありました。たとえば、中務省では、中宮職《ちゅうぐうしき》・内蔵《くら》寮《りょう》・陰陽寮《おんみょうりょう》・図書寮《ずしょりょう》・縫殿寮《ぬいどのりょう》・内匠寮《たくみりょう》などがあります。これらの長官が職の場合は「大《だい》夫《ぶ》」、寮の場合は「頭《かみ》」、司の場合は「正《かみ》」です。中宮大夫《ちゅうぐうだいぶ》は従四位下、内蔵頭《くらのかみ》は従五位下が相当の位階でした。

平安京の行政・司法・警察は、左右の京職《きょうしき》が担当しました。長官は左京大夫《さきょうのだいぶ》、右京大夫です。しかし、主要な実務は令外の官の検非違使に奪われ、権限もなくなりました。

武官の最高位は近衛大将

平安時代には、政府の軍隊として左右の近衛府・兵衛府・衛門府があり、合わせて六衛府と言います。

近衛府は令外の官ですが、最も格が高く、皇居の中心部である内裏《だいり》の警備にあたります。長官は大将で、正三位相当官、大臣や大納言などと兼任するのが一般的です。左右あるので、左近衛大将、右近衛大将が正式な名前ですが、左大将、右大将とも略称されます。二節で解説しましたが、この官は宮中の儀礼の時に活躍するたいへん晴れがましいものでした。次官は近衛中将（従四位下）と近衛少将（正五位下）で、権官があり、次第に増えて左右中少将を合わせて各四人の十六人になりました。家柄のよい貴族でなければ任じられない官でした。三等官は近衛将監《しょうげん》（従六位上）、四等官は近衛将曹《しょうそう》（正七位下）です。

兵衛府は、近衛府の外周を警備します。長官は兵衛督《ひょうえのかみ》（従五位上）、次官は兵衛佐《ひょうえのすけ》（正六位下）、三等官は兵衛尉《ひょうえのじょう》（大・少）、四等官は兵衛志《ひょうえのさかん》（大・少）です。

衛門府は、兵衛府の外側、いわゆる大内裏の部分を警備します。さらに衛門府は、検非違使を兼ねており、平安京全体の治安維持にもあたりました。そのため、兵衛府より格が高くなり、長官は衛門督《えもんのかみ》（正五位上）、次官は衛門佐《えもんのすけ》（従五位下）、三等官は衛門尉《えもんのじょう》（大・少）、四等官は衛門志《えもんのさかん》（大・少）です。

江戸時代、名前に兵衛、右衛門、左衛門を付ける人がたくさんいますが、本来は兵衛尉、右衛門尉、左衛門尉であって、判官の官名を使っていたわけです。

検非違使の長官を別当《べっとう》と言います。別当はよく使われる用語で、ほかに本官のある者が長官を務める職に使われます。検非違使別当は中納言か参議が本官で衛門督を兼ねる者が務めました。

六衛府の三等官は、すべて六位か七位なのですが、中には五位に上る者もいました。五位の者を「大夫《たいふ》」と称したので、たとえば左近衛将監では「左近大夫」、右衛門尉では「右衛門大夫」と称しました。この「大夫」は、長官の「大夫《だいぶ》」とは異なるものなので、読み方が違います。

大宰帥と諸国の国司

平安時代の地方官には、九州全体を管轄する大宰府《だざいふ》があります。長官は「帥《そち》」、次官は

「大弐《だいに》」「少弐」、三等官は「大監《だいげん》」「少監」、四等官は「大典《だいてん》」「少典」です。

諸国には国司《こくし》が置かれました。国司の長官が「守《かみ》」、次官が「介《すけ》」、三等官が「掾《じょう》」、四等官が「目《さかん》」です。

諸国は大国、上国、中国、下国に分かれており、それぞれ相当の位階が違いました。また、上野・常陸・上総の三国は、親王任国《しんのうにんごく》と言って、親王が守に任命されます。親王は実務に関係しないので、この三国については次官の介が実質的な長官になりました。

平安時代中期以降、現地に下る国司の最上級者（一般には守）が「受領《ずりょう》」と呼ばれ、行政を行うようになり、介以下の国司は名ばかりで現地に何の関係も持たなくなり、次第に地方の武士が国衙《こくが》（国司の役所）を守衛し、掾などの官を称するようになります。これが「在庁官人」と呼ばれる人たちです。

大国の守は従五位上、上国の守は従五位下が相当位ですが、次第に守は五位以上の者が務めることになります。

貴族は文官で武士とは違うと思っている人が多いのですが、貴族の中にも軍事的要素を強く持つ人々がいました。彼らは、六衛府の「武官」に任ぜられ、政府を支える武力となっていました。いわば軍事貴族で、代表的な存在が清和源氏《せいわげんじ》の人々でした。彼らは、郎等《ろうどう》・郎《ろう》従《じゅう》などの私的な従者を持ち、「武者《むさ》」と呼ばれました。

たとえば源義家《よしいえ》は、左衛門尉・左近将監・兵部大輔・検非違使などを務めた後、河内国の守となり、その後も多くの国の守を歴任しています。国司の守は収入が膨大で、摂関家の傍流などの中級貴族にとって垂涎《すいぜん》の官でしたが、軍事貴族にとっても同様だったのです。

ここで述べてきた平安時代の官職と仕事の内容を調べるには、本来は明治時代に神宮司庁が編纂した『古事類苑』（吉川弘文館で復刻）の官位部を読むのがいいのですが、和田英松《ひでまつ》氏の『新訂　官職要解』（講談社学術文庫）が古典的な名著で、これで簡単に調べることができます。

江戸時代の官位

朝廷が武家に権力を奪われると、これらの官職は有名無実なものになっていきます。戦国時代以降は、諸国の大名が金銭を献上《けんじょう》することによって、官位を獲得することも多くなります。周防の戦国大名大内義隆《よしたか》は、献金によって従五位上、左京大夫、周防介などになり、筑前守を兼ねるまでになりました。これは、まったく名目だけのものですが、大内氏が筑前に勢力を広げるための権威づけにはなったでしょうし、少なくとも戦国大名の名誉心を満足させる効果はありました。

そして江戸時代になると、武家の官位は公家の官位体系とは別のものとされ、大名や旗本の格を表す呼び名になりました。史料でも官職を「名」と呼んでいます。

徳川宗家《そうけ》の当主は、内大臣兼征夷大将軍に任命され、将軍世子《せいし》は権大納言、御三家は尾張家と紀州家が権大納言、水戸《みと》家が権中納言を極官《ごくかん》（最高の官位）とします。官位は、その人に与えられるものなので、尾張家は権大納言までなれる家ですが、当主になった時はおおむね中将で、参議、権中納言と昇進し、権大納言になるので、早く没した時は参議や権中納言の時もあります。

有力外様大名では、加賀の前田家が参議、上位の国持大名が中将（右近衛府の権中将）、中位の国持大名が少将（右近衛府の権少将）、下位の国持大名が侍従《じじゅう》を極官とします。

譜代大名でも、彦根藩井伊《いい》家は通常、少将になり、老中や京都所司代《しょしだい》になれば侍従となります。井伊家が幕閣に入る時は、老中の相当官である侍従よりも上の少将なので、大老と呼ばれ、老中の上位に位置づけられました。

一般の大名は、従五位下に叙《じょ》せられるので、それぞれ国司の守や五位相当の中央の官職名を名乗ります。三代将軍家光の時の老中松平信綱《のぶつな》は、伊豆守《いずのかみ》を名乗り、たいへん頭が働いたので「知恵伊豆」と呼ばれました。信綱は老中なので侍従にも任ぜられましたが、呼び方は松平伊豆守です。赤穂《あこう》藩主の浅野長矩《ながのり》は、内匠寮の長官である内匠頭を名乗りました。

旗本は、おおむね遠国《おんごく》奉行以上の役職に任ぜられると、従五位下に叙せられ官職名を名乗ります。八代将軍吉宗《よしむね》の時の町奉行大岡忠相《ただすけ》は、山田奉行になった時に能登守を名乗り、町奉行に昇進すると越前守に改めています。

江戸時代の大名や旗本の官位は、実質的には幕府が与えたものです。しかし、官位は本来朝廷が与えるものですから、朝廷に申請するという形式は守っています。そして大名や旗本は、朝廷から任命書類をもらうため、担当の公家たちに金銭を支払います。これには二百両ぐらいかかったようです。

江戸時代の武家の官位は、朝廷の官位を大名や旗本の序列付けに利用したものにすぎません。新井白石や荻生徂徠は、幕府独自の官職体系を作ることを主張していますが、それが採用されなかったのは、その必要性が感じられなかったからでしょう。幕府にとって朝廷は、利用するだけの存在だったからです。

この朝廷が与えるという形式だけを見ると、官位をもらっている大名は朝廷の家臣ということになります。そのため、尊王攘夷思想が高まると、大名たちは幕府の家臣ではなく、朝廷の家臣だという観念も生じることになりました。白石や徂徠の危惧《きぐ》が現実のものとなったわけです。

このように、官位といっても時代による変遷《へんせん》があります。ここで述べたのは最小限のことですが、これだけ理解しただけでも歴史書を読む時にずいぶん参考になると思います。

5 お金の計算

金・銀・銭の三貨

時代小説や時代劇を見る時、そこに出てくるお金が現在ではいくらくらいになるのかがわからないと、感覚がつかめません。小判の一両は、庶民がたまには持つことができるものなのでしょうか。銀の単位の一匁《もんめ》というのはどのくらいの額なのでしょうか。

江戸時代には、金・銀・銭《ぜに》の三種類の貨幣が流通していました。

金の単位は、両・分《ぶ》・朱《しゅ》です。分と朱は四進法で、四朱で一分、四分で一両です。両はもともと砂金の重さの単位で、三七・五グラムです。しかし、江戸時代の小判は品質

金・銀・銭の換算率

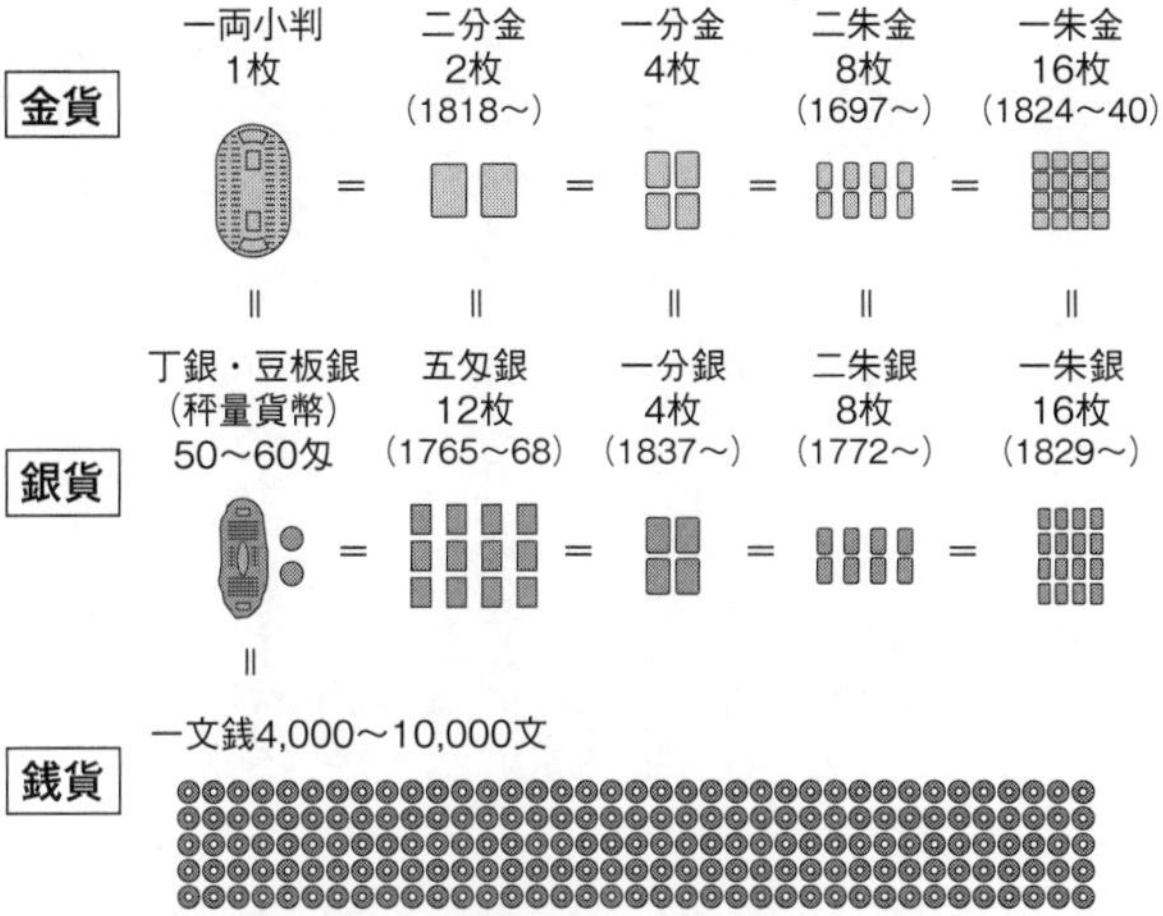

金一両あたりの銀・銭の公定相場の推移

	慶長14年(1609)	元禄13年(1700)	天保13年(1842)
銀貨	50匁	60匁	60匁
銭貨	4,000文	4,000文	6,500文

参考：『図表でみる江戸・東京の世界』(東京都江戸東京博物館学芸課編・刊行)

のよい慶長《けいちょう》小判でも金は一七・八五グラムしか入っていません。

江戸時代には一般に金一両で米一石《こく》が買えました。米一石は体積の単位で、重さにすると百五十キログラムになります。現在、スーパーなどで売っている銘柄米五キログラムが二千五百円ぐらいですので、これで換算すると、七万五千円になります。米は現在の方がはるかに安価で買えるので、とりあえず一両を十二万円と考えると、一分が三万円、一朱が七千五百円になります。

銀と銭は、相場があって、変動していました。幕府が慶長十四年（一六〇九）に決めた公定レートは、金一両＝銀五十匁＝銭四貫文《かんもん》（＝四千文）です。

銀の単位の匁は重さで、一匁が三・七五グラムです。銀は重さで量って通用していましたが、銀座が作った丁銀《ちょうぎん》は四十三匁ほどで、両替商がこれに豆板銀《まめいたぎん》などを足して金一両相当とし、紙に包んで封印をして通用させていました。

銀一匁は、一両を十二万円とすると二千四百円です。次第に金高となるので、二千円ぐらいの感覚です。

銭一貫文は、千文ですが、麻縄《あさなわ》で作ったさしでまとめると、なぜか九百六十文で一貫として通用していました。先ほどの公定レートで換算すると、銭一貫文で三万円になります。すると、銭一文が三十円です。

江戸時代、蕎麦《そば》一枚が十六文でしたから、銭一文三十円とすると四百八十円、だいたいこんなところではないでしょうか。

ちなみにまだ日本で銭が鋳造《ちゅうぞう》されていない安土《あづち》桃山時代では、天正《てんしょう》十三年（一五八五）の京都でみかん一個が二文、まんじゅう一個が五文という史料があると、同僚の鴨川達夫氏から教えてもらいました。江戸時代よりは銭の価値が高いと思われるので、一文五十円とするとみかん一個百円、まんじゅう一個二百五十円になります。北条氏領国では、大型の鯛《たい》一枚が三十文、鰹《かつお》が十二文という史料があります。関東では、一文が百円ぐらいの感覚だったかもしれません。

戦国時代も江戸時代も、物によって現在とは大きく値段が違いました。人件費はかなり安く、米は比較的高く、衣料はかなり高いといった感じです。そういうことも理解したうえで、ここで紹介した目安で計算してみれば、時代劇や時代小説も理解しやすいと思います。

大石内蔵助の『預置候金銀請払帳』からわかること

播州《ばんしゅう》赤穂藩の元家老で、主君の仇《かたき》である吉良《きら》上野介邸に討ち入った大石内蔵助《くらのすけ》が、藩を整理した時に預かった金の算用を書き留めた『預置候金銀請払帳《あずかりおきそうろうきんぎんうけはらいちょう》』という冊子《さつし》は、元《げん》禄《ろく》期の物の値段の感覚をつかめる絶好の史料です。これを見ると、元禄期の物の値段がよくわかります。

金・銀・銭の換算レートですが、大石は、金一両を銀五十六匁替え、銭一貫文を銀十五匁替えで計算しています。銭は当時の金一両＝銀六十匁の公定レートで計算していて、この時期は銀高で、銭も後に増産されるまでは比較的高い状態だったようです。

上方《かみがた》と江戸の往復旅費は、江戸での滞在費を含めて八両から十両ほどです。江戸中期で一両が十二万円程度が妥当だとすると、九十六万円から百二十万円もの費用が必要だったことになります。

旅は、途中駕籠舁《かごかき》を雇うこともあるかもしれませんが、ほとんどが徒歩なので、移動にはわらじ代ぐらいしかお金はいりません。その代わり、食事代や宿泊する旅籠《はたご》代がかかり、大井川の川越《かわごし》料金なども必要になります。

武士の旅なので、庶民よりは割高だったはずで、現代のお金に換算するとかなりの額になるのです。これではなかなか庶民には旅ができなかったことがわかります。ただ、江戸時代の後期になると、講《こう》を組んで順番に伊勢《いせ》参りなどに行くことになります。庶民もしだいに豊かになったということでしょう。

大石は、討ち入りを決意して江戸に下ったあと、同志へ家賃補助をしています。磯貝《いそがい》十郎左衛門には九月・十月分の家賃として金一両、堀部安兵衛《やすべえ》が六人で住んだ本所《ほんじょ》の十月分の家賃として銀二十六匁を渡しています。これで計算すると、比較的広い長屋の一カ月分の家賃が五万円ほどだったことがわかります。

食費（飯料）は、間喜兵衛《はざまきへえ》ら四人の十一月分が金二両、ほかも似たようなものですから、一人あたり月に二分で六万円になります。ずいぶんお金がかかるという印象です。

討ち入りのための武具は、間十次郎《じゅうじろう》・新六兄弟が弓と鎗《やり》の代金として金一両、武林唯七《ただしち》が長刀《なぎなた》の代金として金一両、間瀬孫九郎《まセまごくろう》が鎗代として金二分を受け取っています。鎗一本だけなら十二万円ぐらいだったようで、現代の感覚から言えば、かなり安く手に入ったようです。

江戸の物価の変遷

物価を考える時、参考になるのは、小野武雄編著『江戸物価事典』（展望社）です。これを見ると、主な物価の時代的変遷がわかります。

酒の値段は、十八世紀中頃、一升で百二十四文（三千七百二十円）から百三十二文（三千九百六十円）が定価でした。低級な酒は、八十文（二千四百円）や百文（三千円）のものもありました。一番安い酒なら一升二千四百円で、現在よりは高いですが、庶民でも呑《の》むことができました。

それが、明和《めいわ》五年（一七六八）に四文銭ができて銭相場が安くなり、百四十八文（四千四百四十円）、百六十四文（四千九百二十円）、二百文（六千円）、二百四十八文（七千四百四十円）と上がっていきました。一升で七千四百四十円も払うというのはかなり高価な印象ですが、それでも酒好きは呑んだでしょう。

醤油《しょうゆ》は、天保《てんぽう》十三年（一八四二）で、関西物は一升百九十文（五千七百円）、関東の地回り物は一升百三十二文（三千九百六十円）でした。江戸時代後期でも、まだ上方から下ってきた醤油は高かったのです。

砂糖は、江戸時代前期まではかなり高価なものでしたが、十八世紀前半から十九世紀前半にかけては一斤《きん》（六百グラム）銀四匁（八千円）ぐらいに下がっています。もちろん、現在から考えれば信じられないほど高価ですが、輸入に頼る贅沢品《ぜいたくひん》だったので妥当なところでしょう。

この頃には、砂糖を使った羊羹《ようかん》なども作られていて、武士などはよく食べていました。だいたい一棹《さお》銀二匁（四千円）。庶民が食べる桜餅《さくらもち》などは、一個四文（百二十円）、粒あん入りの小倉まんじゅうは二文（六十円）でした。

銭湯《せんとう》は、庶民に欠かせないものなので、幕府が値段を規制していました。江戸時代後期で、八文（二百四十円）です。

髪結《かみゆ》いの値段は、二十八文（八百四十円）で、現在に比べればかなり安いものでした。ただ、月代《さかやき》をそるので、四、五日に一回結ってもらったようです。天保改革後は、二十文や二十四文の店も出現して、はげしく競争しました。現在の千円カットのような店ができたのでしょう。

女性のための髪結いは、十八世紀の終わり頃に登場しました。それまでは自分でやるか、母や姉妹に結ってもらっていたのです。最初は二百文（六千円）もしたようですが、次第に百文（三千円）、五十文（千五百円）、三十二文（九百六十円）、二十四文（七百二十円）と安くなっていきました。

飛脚賃《ひきゃくちん》は、江戸―大坂の幸便《こうびん》（一カ月に九回まとめて送る便）で一封銀二匁（四千円）、即刻送るものは金七両二分（九十万円）もしました。これは特別なので、庶民が使うことはなかったでしょう。

明治時代のお金

明治時代の貨幣の単位は、現在と同じ「円」ですが、これは江戸時代の金貨の単位である「両」をそのまま改めたもので、一ドルを一円として国際基準とも合わせています。「円」の百分の一が「銭《せん》」、さらにその十分の一が「厘《りん》」で、ここまで通用していますから、円はかなり高額な単位です。明治の「一円」は、給与を基準に換算すると、明治三十年代で現在の二万円ほどと考えられます。すると、一銭は二百円、一厘は二十円ということになります。

給料では、明治三十一年（一八九八）の帝国大学卒業生の初任給が三十五円（七十万円）とたいへん高額であるのにくらべ、兵士は二等兵でわずか九十銭（一万八千円）と非常に低いものです。夏目漱石《なつめそうせき》が明治三十六年に帝国大学講師になった時は年俸八百円（千六百万円）、兼務する第一高等学校講師の年俸が七百円（千四百万円）、この二つだけでも三千万円になります。それに比べて小学校教員の初任給は十円から十三円でした。現在の大学教員では考えられないほどの高給取りだったことがわかります。

彼の小説『明暗』では、主人公が周囲から援助を求められて閉口《へいこう》していますが、高級サラリーマンと庶民の経済格差を考えれば、それもやむをえないと思いました。

明治時代、背広を一着作るには、官吏《かんり》でも半月から一カ月分の給料が必要でした。明治二十年で一着二十円（四十万円）です。このくらいの価格になると、背広を着ている人は、一目で官員か一流企業の会社員だとわかるということだったと思います。

現在では、量販店で安価な背広を売っているので、そういう区別はつきにくくなっています。明治の背広は、基本的に仕立屋《したてや》で誂《あつら》えるもので、現在の良い生地《きじ》を使ったオーダーメイドの背広よりも高価だったのです。

変化が特に激しいのは地価で、明治二十三年、三菱《みつびし》の岩崎弥之助《やのすけ》が丸ノ内の陸軍用地十万坪を払い下げられた時の代金が百二十八万円でした。先の換算率で単純に計算すると二百五十六億円で、それなりに高額ですが、一坪にするとわずか二十五万六千円です。平成二十八年（二〇一六）の東京駅の地価は一坪六千百五十五万七千八百五十一円ですから、その値上がりは目もくらむほどです。

生活に密着するものは、値段はまちまちです。米一升《しょう》（一・五キログラム）は二十三銭（四千六百円）ですから、現在よりもかなり高く、明治三十三年のサツマイモ一キログラムの値段は三銭（六百円）、ジャガイモは二銭（四百円）でしたから、こちらは現在とあまり変わりません。

新しい食べ物であるパンは、銀座の木村屋が販売した食パンは一斤六銭五厘（千三百円）です。庶民の収入は低かったので、贅沢品でした。しかし、あんパンは明治三十八年には一銭（二百円）になり、庶民的な食べ物になっています。

卵は貴重な栄養食品で、明治三十二年で六個が十五銭（三千円）です。庶民には手が届かなかったでしょう。映画『野麦峠《のむぎとうげ》』で、結核にかかった女工が兄からもらった卵を大切そうに眺めていたシーンの意味も、こうした値段を見るとよくわかります。

このほか、近代の物価を概観するには、『値段史年表　明治・大正・昭和』（朝日新聞社）がたいへん参考になります。

6　暦と時刻

現在とは違う暦

暦《こよみ》は、太陽や月の運行をもとに作られます。暦法には、「太陽暦」「太陰《たいいん》太陽暦」「太陰暦」

の三つがあります。現在、世界各国で一般に用いられているのは、太陽暦の一つであるグレゴリオ暦です。

太陰暦は、月の満ち欠けをもとにした暦で、月の形が日にちと一致します。月のない新月の日が一日、満月の日が十五日です。したがって、月が出ていれば、その日が何日であるかがわかります。

しかし、太陰暦では一年が三百五十四日となり、太陽暦の三百六十五日に十一日足りません。すると、三年間で三十三日、一カ月以上ずれてしまうので、実際の季節と大きく食い違ってきます。

これを太陽暦で補正したのが太陰太陽暦で、三年に一度、閏月《うるうづき》を入れます。日本は、江戸時代までは太陰太陽暦を使っていましたから、閏月のある年があります。明治政府は、これを太陽暦に改め、明治五年（一八七二）十二月三日が新暦の明治六年一月一日になりました。

元号と干支

現在の日本では、西暦と元号が併用されていますが、江戸時代以前は朝廷が制定する元号によって年を表しています。慶長八年などというのがそれです。歴史の専門家は、史料に即して元号を使うことが多いので、これもある程度覚えておいた方が、歴史書の理解に役立ちます。たとえば、寛文—延宝《えんぽう》期と言えば四代将軍家綱《いえつな》の時代、享保《きょうほう》の改革と言えば八代将軍吉宗が始めた改革政治、というように歴史用語にも多く採用されているからです。

これに併用して干支《えと》も使われていました。これは、十干《じっかん》（甲《こう》・乙《おつ》・丙《へい》・丁《てい》・戊《ぼ》・己《き》・庚《こう》・辛《しん》・壬《じん》・癸《き》）十二支（子《ね》・丑《うし》・寅《とら》・卯《う》・辰《たつ》・巳《み》・午《うま》・未《ひつじ》・申《さる》・酉《とり》・戌《いぬ》・亥《い》）の組み合わせで年を表すもので、甲子《かっし》（きのえね）、乙丑《いっちゅう》（きのとうし）、丙寅《へいいん》（ひのえとら）・丁卯《ていぼう》（ひのとう）……と続きます。慶長八年（一六〇三）は癸卯《きぼう》になります。これは六十年で同じ呼び方になりますので、次の癸卯の年は寛文《かんぶん》三年（一六六三）です。

埼玉県の稲荷山《いなりやま》古墳で発見された鉄剣の銘には「辛亥《しんがい》の年」とこの干支が入っていました。これによって四百七十一年と推定することができ、この地域の豪族オワケが、ヤマト王権の雄略《ゆうりゃく》天皇の側近として仕えていたことがわかったのです。まだ、元号がない時代、中国からもたらされた干支が使われていたことがわかり、それによって西暦年が特定できるという大きな意味を持ちました。

細かく言えば、同じ太陰太陽暦でも暦法には変化があります。日本では、それまで唐《とう》から

十干十二支とその読み方

十干					
	甲	乙	丙	丁	戊
音読み	こう・かつ	おつ・いつ	へい	てい	ぼ
訓読み	きのえ	きのと	ひのえ	ひのと	つちのえ
	己	庚	辛	壬	癸
音読み	き	こう	しん	じん	き
訓読み	つちのと	かのえ	かのと	みずのえ	みずのと

十二支						
	子	丑	寅	卯	辰	巳
音読み	し	ちゅう	いん	ぼう	しん	し
訓読み	ね	うし	とら	う	たつ	み
	午	未	申	酉	戌	亥
音読み	ご	び	しん	ゆう	じゅつ	がい
訓読み	うま	ひつじ	さる	とり	いぬ	い

もたらされた宣明暦《せんみようれき》を用いていましたが、長い年月の間に太陽や月の運行とずれ、日食や月食の日にちが食い違っていました。渋川春海《しぶかわはるみ》は、元《げん》の授時暦《じゆじれき》をもとに天体観測を行い、授時暦を日本の経度にあうものに修正し、大和暦《やまとれき》を作成し、朝廷に採用されました。これが日本初の国産暦である「貞享暦《じようきようれき》」です。

和暦と西暦の換算

私は、和暦と西暦を換算する時は、和暦とグレゴリオ暦の換算表である野島寿三郎編の『日本暦西暦月日対照表』（日外アソシエーツ）を身近に置いて使っています。

グレゴリオ暦は、ローマ教皇グレゴリウ

ス十三世がそれまで使っていたユリウス暦の一五八二年十月四日の翌日を十月十五日と改暦したことに始まっています。この年は本能寺《ほんのうじ》の変が起こった年なので、豊臣時代以降はグレゴリオ暦でいいのですが、それ以前はユリウス暦に換算する必要があります。このためには、内田正男編の『日本暦日原典』（雄山閣出版）という大部で高価な本があります。

現在では、インターネットに（株）まえちゃんねっと作成の「換暦」という便利なサイトがあります。これは、和暦、グレゴリオ暦、ユリウス暦の年月日の相互変換を行ってくれるツールです。

たとえば和暦にペリーが来航した嘉永六年六月三日を入力（「嘉永6/6/3」で可）すると、グレゴリオ暦の欄に「西暦1853年7月8日」、ユリウス暦の欄に「西暦1853年6月26日」が出てきます。この時期はグレゴリオ暦なので、ペリー来航は西暦一八五三年七月八日であることがわかります。これは、『ペリー提督日本遠征記』などを読む時に役に立ちます。

織田信長が明智光秀《あけちみつひで》に殺害された本能寺の変のあった天正十年六月一日夜は、暦の上では六月二日です。これを「換暦」で換算すると、一五八二年六月二十一日（ユリウス暦）であることがわかります。これも、宣教師の報告などを読む時に必要です。

気をつけなくてはいけないのは、年末年始に起こった事件です。元禄十五年十二月十四日に起こった赤穂浪士の吉良邸討ち入りは、元禄十五年（一七〇二）などと表示しますが、実際の西暦では、一七〇三年一月三十日です。しかし、これを元禄十五年（一七〇三）とすると、誤植だと思われます。カッコで西暦を入れる場合は便宜的《べんぎてき》なものだと考えた方がいいのです。

歴史書で西暦ではなく元号を基本に表記するのは、このような事情があるからです。しかし、煩雑《はんざつ》になるので、教科書は西暦を先に書き、カッコで元号を入れます。この西暦は、実は元号を機械的に換算した西暦で、年末年始のものは本当にその事件が起こった西暦ではありません。たとえば、王政復古の大号令は一八六七年十二月九日と表記しています。これは慶応三年十二月九日だから一八六七年としているのですが、実際の西暦は一八六八年（一月三日）です。だからと言って、月日を日本暦にして西暦だけ一八六八年とすると誤りになるのです。

時刻の表示法

江戸時代の時刻は、「不定時法」と言って、季節によって昼の時間が長くなったり、短くなったりします。

基準は、太陽の出没です。日の出の時刻を明け六つ《あむ》と言い、五つ、四つ《よ》、と数え、正午が九つ、それから八つ《や》、七つと数え、日没の時刻を暮れ六つと言います。

夏だと午後七時ぐらいまでは明るいので、昼の時間が長くなるわけです。本を書く時に、季節まで考えて換算したこともありますが、誤解されることも多いので、明け六つを午前六時頃、暮れ六つを午後六時頃とだいたいの目安で書くようになりました。

六つ、五つの数え方は、時刻を知らせる江戸の時の鐘《かね》が六回、五回と打たれることから来ています。現在の時刻と違って、当時の時刻には二時間ほどの幅があります。そのため、六つ半、五つ半と言うこともあります。これなら一時間ぐらいの区切りになります。

これを十二支で表す数え方もあります。こちらは、子《ね》の正刻が深夜零時《れいじ》ですから、初刻《しょこく》は前の日の午後十一時となります。それから丑、寅、卯と続きます。江戸時代は、夜が明けるまでは日付が変わらないので、赤穂浪士の討ち入りは元禄十五年十二月十四日となりますが、現在なら日付が十五日に変わっています。

卯の正刻が日の出時刻で、それから辰、巳、午（昼時）、未、申、酉（日暮れ時）、戌、亥、となります。太陽が南中する時刻を正午というのは、午の正刻だったからです。午前、午後

不定時法による時刻表示表

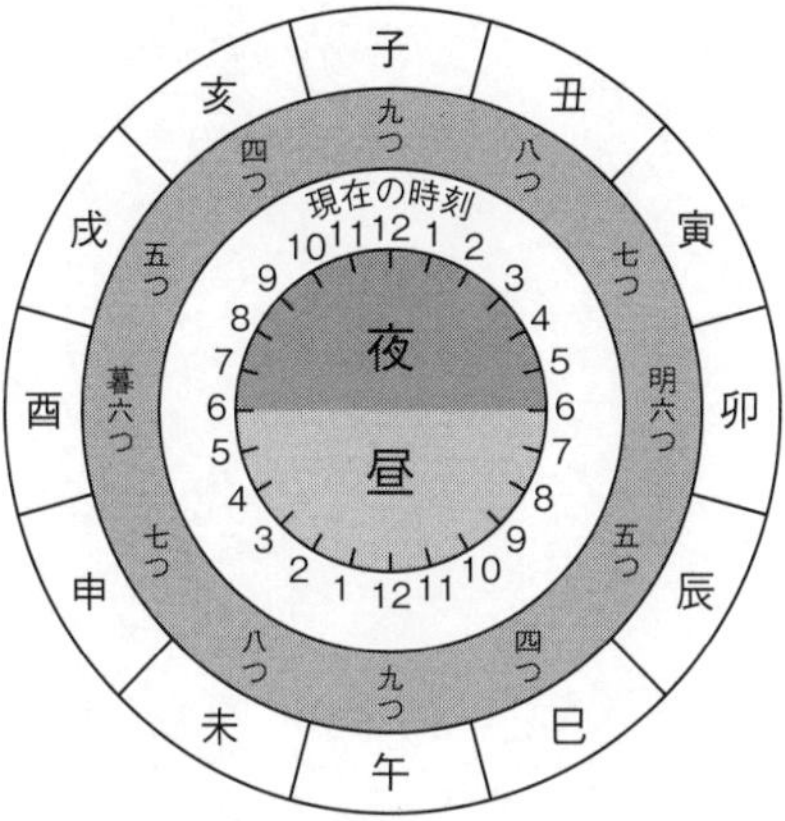

不定時法では、季節によって変化する昼夜の長さを六分し、一刻とします。時の呼び方には、子・丑・寅など十二支による呼び方と、七つ、八つなど鐘を打つ数による呼び方とが併用されていました。

江戸時代の不定時法

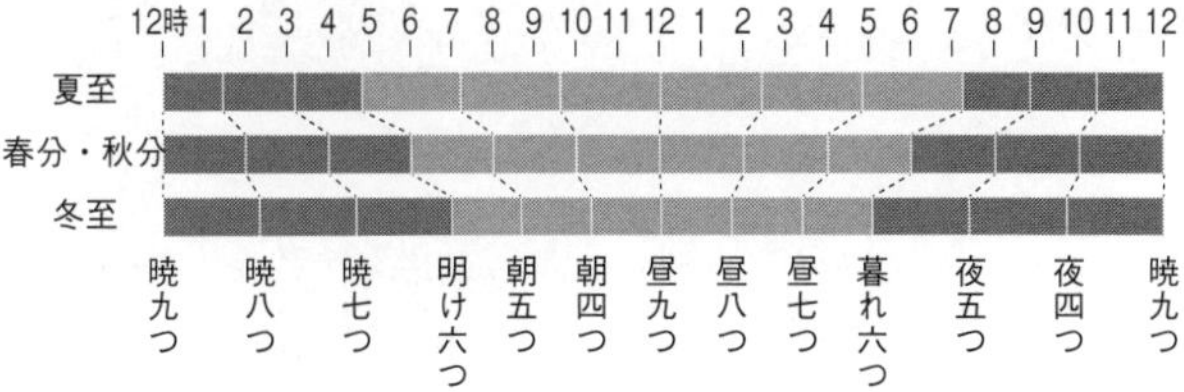

参考：『山川　詳説日本史図録』（山川出版社）

の分け方も午の正刻を中心にした分け方です。

これを細分化する時は、子の刻、子の二つ、三つ、四つと二時間を四つに分けて示します。

深夜を示す「草木も眠る丑《うし》三《み》つ時《どき》」というのは、丑の初刻（一つ）が午前一時に始まり、二つ、三つ（丑の正刻）になるのですから、午前二時から二時半頃で、江戸時代なら誰もが眠っている時刻です。人を呪《のろ》う「丑の刻詣《まい》り」は、まさに悪霊《あくりょう》が跳梁跋扈《ちょうりょうばっこ》する真夜中に行うものだったのです。

中級編

歴史の現場を歩く

歴史に興味が湧いたり、問題意識を持つようになった時、文献を読むことと並行してお薦《すす》めしたいのが、歴史の現場を歩いてみる、ということです。

近年は、町歩きをして歴史的な文化遺産などに触れるＮＨＫの「ブラタモリ」が高視聴率を保ち、もと建設省の官僚である竹村公太郎氏の『日本史の謎は「地形」で解ける』（ＰＨＰ文庫）がベストセラーになっています。

竹村氏の本の中では、元寇《げんこう》の時、日本の湿地帯と起伏の激しい丘と山がモンゴル軍の騎馬軍団と牛車《ぎっしゃ》群を阻《はば》んだ、という記述に膝を打ちました。博多に攻め込んだモンゴル軍は、水はけの悪い土地の泥にはまり、機動力を奪われたので、船上に寝泊まりせざるを得なかったというのです。

文献だけでなく、地理を知ることによって歴史の新しい解釈が生まれる可能性を感じさせる本でした。

私も町歩きは好きで、江戸の切絵図《きりえず》を持って東京の町をずいぶん歩きましたし、調査で地方に行く時は必ず近くの史跡を見学します。

1　考古遺跡を歩く

旧石器時代の痕跡

戦前の教科書では、天孫降臨《てんそんこうりん》神話で日本の始まりが書かれていました。しかし現在では、考古学の発掘の成果によって日本と日本人の始まりが書かれています。

まず旧石器時代の遺跡と言えば、群馬県の岩宿《いわじゅく》遺跡があります。

昭和二十一年（一九四六）、納豆《なっとう》売りの行商をしながら石器や土器の採集に励んでいた相澤忠洋《ただひろ》という青年が、岩宿のせまい切通《きりどおし》の赤土の崖《がけ》の崩れかけた断面から、両側がカミソリの刃のように鋭い黒光りする石片を見つけました。相澤氏は、翌年九月にもキャサリン台風で崩れた崖から同様の石片を見つけ、東京の考古学研究所に相談するとともに、「東毛《とうもう》考古学研究所」を設立して本格的に考古学の研究に踏み出しました。

昭和二十四年の夏、崖の断面から黒曜石《こくようせき》の槍先形《やりさきがた》をした尖頭《せんとう》石器を発見した相澤氏は、日本に旧石器時代があったことを確信しました。相澤氏は、明治大学学生の芹沢長介《せりざわちょうすけ》氏に話し、杉原荘介《そうすけ》氏を中心とする明治大学の考古学チームによって大がかりな発掘調査が行われることになりました。その結果、数々の旧石器時代の遺物が発見されました。

岩宿遺跡は、おおむね二万五千年前の遺跡です。当時、日本には旧石器時代はないと考えられていました。旧石器時代の地層は赤土の関東ローム層ですが、この時代は寒冷で、かつ火山活動が活発な死の時代だと考えられていたのです。相澤氏がこの地層から石器を発見したことによって、日本における旧石器時代の存在が証明されたのです。

岩宿遺跡の近くには、相澤忠洋記念館があります。私が訪れた時は閉まっていましたが、奥の家に住んでいる人に声をかけると開けてくれました、記念館に、相澤氏が発見した黒曜石の鏃《やじり》が展示されているのを見て、相澤氏の興奮に触れた思いがしました。それほど立派で美しい石器だったのです。

この発見の経緯は、相澤氏の著書『「岩宿」の発見』（講談社文庫）に詳しく書かれています。少年時代から考古学に興味を持っていた相澤氏は、いつでも遺跡の調査ができるように納豆売りをしていたこと、発見した日のこと、その後、学歴のない相澤氏の業績がほかの学者に奪われようとしたことなど、興味深い内容です。相澤氏は最初に石器を見つけた時は、どうして土器が出ないのかを不思議がっており、これを見つけてすぐに日本に旧石器時代があったと驚喜したわけではなかったのです。それほど常識を覆《くつがえ》す発見だったということでしょう。

相澤氏の功績を不動のものとしたのは、芹沢長介氏です。芹沢氏は、旧石器時代の発見を相澤氏の業績として認めさせるために精力的に支援しました。芹沢氏はのちに東北大学教授となり、旧石器時代の権威として多くの弟子《でし》を育てます。

旧石器の発掘捏造《ねつぞう》によって日本の旧石器時代を七十万年前まで遡《さかのぼ》らせていったのは、東北旧石器文化研究所のF氏です。彼を支援した文化庁主任調査官のO氏は、芹沢氏の弟子でした。O氏は、師匠《ししょう》が考古学の学問的素養がなくても重大な発見ができるという経験をよく語っていたからこそ、F氏のことを信じてしまったのだと思います。この捏造の経緯は、それを見破った毎日新聞旧石器遺跡取材班によって『発掘捏造』（毎日新聞社）に詳しく書かれています。

三内丸山遺跡

縄文《じょうもん》時代は、約一万二千年前に始まるとされています。次第に日本列島が温暖化する時代で、動物を狩り、木の実を採取して生活していました。現在では、年代測定法が変わり、縄文時代の始まりは約一万九千年ほど前とされることもあります。

二万年前以降には、尖頭器と呼ばれる木の先に取り付ける石器が現れます。これは、二万年前から一万七、八百年前までにナウマン象やオオツノジカなどの大型獣が姿を消し、シカ、イノシシ、ウサギなどの中小動物を主たる獲物《えもの》にするほかはなかったからだと推測されています。

縄文時代の遺跡は数多くありますが、有名なのは縄文時代の巨大集落である青森県の三内《さんない》丸山《まるやま》遺跡でしょう。

三内丸山遺跡は、約五千五百年前から四千年前まで、約千五百年もの長い間、人々が定住していたことを示す遺跡です。この千五百年という期間は、現在から遡ると古墳時代になります。

人々が狩猟・採取をしながら移動していたと思われていた縄文時代の常識を覆した巨大な集落です。私も、一万年以上続く停滞の時代だと思っていた縄文時代に、これほどの集落があるとは思いませんでした。

三内丸山遺跡のシンボルは、巨大な六本の柱の跡です。現在は推定で建物が復元されていますが、神殿、望楼《ぼうろう》、見張り台、天文台、灯台《とうだい》など、さまざまな説があります。

あたりは広々とした野原になっていますが、これは発掘の際、樹木をすべて伐《き》ったためです。縄文時代の村は、もっと周囲に森が広がっていたと思われます。遺跡を見る時は、こうした補正をして眺める目も必要です。

発掘された遺物は、土器、土偶《どぐう》、石器、骨角器《こっかくき》のほか、木製品、漆器《しっき》、編み物など多彩なものです。特に編み物では針葉樹の樹皮を編んで作られたバッグがあり、中にクルミが入っていました。これは「縄文ポシェット」と呼ばれています。また、クリなどの植物、魚類や獣《けもの》の骨などもたくさん出土しており、縄文人の食生活がわかります。

三内丸山遺跡の人口は五百人から千人近くと推定されています。この数値から縄文時代の人口を算出すると、三十万人ほどになります。縄文時代は、まだまだ人口はかなり少ない時代でした。しかし、出土品からは、各集落が孤立していたわけではなく、広く交易《こうえき》を行っていた姿が想像されます。

ほかにもある縄文遺跡

鹿児島県霧島市の上野原《うえのはら》遺跡では、約九千五百年前の縄文時代前期の村が出土しました。ここでは五十二軒というたくさんの竪穴《たてあな》住居が発見され、住居を建て替えた痕跡《こんせき》も認められました。これは、家を建て替えるほどの長い期間、そこで生活したことを示しています。三内丸山遺跡よりも四千年ほど古く、それほど古い時代から縄文人が定住生活をしていたことがわかりました。

この集落は、六千三百年前、屋久島《やくしま》の北にある海底火山「鬼界《きかい》カルデラ」が大噴火し、その火砕流《かさいりゅう》によって壊滅的《かいめつてき》な打撃を受けます。その姿は、現地に切り取られて保存されている地層から見ることができます。焼けた倒木などがその打撃をよく示しています。カルデラ大噴火は、それほどの被害をもたらすもので、現在でもこの地域はカルデラ大噴火の可能性が指摘されています。

平成二十三年（二〇一一）の東日本大震災で、平安時代にあった貞観《じょうがん》地震と大津波のことが改めて話題になりましたが、一万年のタイムスパンで考えれば、大津波以上に大きな被害をもたらすカルデラ大噴火も起こり得る自然現象であることを知り、恐くもなりました。

埼玉県富士見市の水子《みずこ》貝塚は、六千五百年前、このあたりが海であったことを示す縄文時代前期の遺跡です。現地は遺跡公園となり、竪穴住居が復元され、貝塚が発掘された場所は白い陶片でわかるように示されています。併設《へいせつ》された資料館には、発掘の現場が再現され、発掘された人骨も復元されています。

遺跡に行き、それに併設された博物館の展示を見れば、追体験ができます。ぜひ、現地に行き、そうした博物館にも入って、展示を見て、解説を読んでください。また、展示図録などを購入しておくと、家に帰ってからでも読み返すことができます。本を探して読むよりはるかに簡単に基礎知識を得ることができ、歴史認識に大きな変化が生まれるはずです。

弥生時代の人々

水稲《すいとう》農耕は、約二千八百年から二千七百年前に朝鮮半島南部から伝来したと考えられています。これは縄文時代に分類され、弥生時代は紀元前四百年前から始まるとされていますが、水稲耕作が始められて以降を弥生時代とすべきだという説もあります。

弥生時代の代表的な遺跡は、佐賀県の吉野ヶ里《よしのがり》遺跡です。昭和六十一年（一九八六）、神埼《かんざき》工業団地開発に伴う発掘調査が行われ、弥生時代前期初頭（紀元前三世紀初め）に吉野ヶ里に環壕《かんごう》集落が成立していたことがわかりました。発掘が進むにつれて、多くの竪穴住居跡とともに宮殿跡と思われる大規模な建物の跡も発見されました。

宮殿跡とその周辺は、一般の人々の住む領域とははっきりと区別されていて、すでに「王」が存在し、「クニ」が生まれていたことを示しています。

また、眺望《ちょうぼう》がきく位置や入り口の両側などの数カ所には、外側への張り出し部が設けられ、物見櫓《ものみやぐら》の跡らしきものが発見されました。宮殿跡は『魏志倭人伝《ぎしわじんでん》』に記されている「宮室《きゅうしつ》」、物見櫓は「楼観《ろうかん》」だと考えられ、発見当時はここが邪馬台国《やまたいこく》だったのではないかと興奮させられました。

このため、この遺跡はたいへんな話題になり、平成元年（一九八九）二月に公開されてから三年ほどの間に、全国から六百万人もの考古学ファンが見学に訪れました。平成二年五月には異例の早さで史跡指定がなされ、翌年五月には特別史跡に昇格しました。

現在では、特別史跡を中心に広大な地域が国営公園と県営公園になり、多くの建物が復元されています。すべてを見て歩こうとすれば、半日はかかります。

弥生時代の遺跡の特徴は、環濠《かんごう》です。それに加えて城柵《じょうさく》と物見櫓がある吉野ヶ里遺跡は、すでに「クニ」同士の争いがあったことを示しています。卑弥呼《ひみこ》出現以前、倭国は小さな「クニ」同士が争っていたとされていますが、そうした状況は紀元前三世紀には成立していたようです。ただし、卑弥呼が生きた時代は三世紀なので、吉野ヶ里遺跡を邪馬台国だと結論づけるわけにはいきません。

卑弥呼の墓の可能性がある箸墓古墳

それでは、邪馬台国はどこにあったのでしょうか。最近、卑弥呼の墓ではないかと考えられているのが、日本最古の前方後円墳である箸墓古墳《はしはか》（奈良県桜井市）です。

この古墳は、『日本書紀』の崇神《すじん》天皇の項に出てきます。崇神天皇の代、大叔母《おば》の倭迹迹《やまとと》日百襲《ももそ》姫命《ひめのみこと》は神がかりして神の言葉を伝え、またよく物事を予知したと言います。「鬼道《きどう》」に仕《つか》えたとされる卑弥呼とよく似ています。

この倭迹迹日百襲姫命が三輪山《みわやま》の大物主神《おおものぬしのかみ》の妻となり、夫の姿を見ようとして神の怒りに触れ、陰部を箸で突かれて死にます。彼女のために造られた墓が箸墓古墳で、昼は人が造り、夜は神が造ったとされます。『魏志倭人伝』には、卑弥呼の死後、大きな墓が造られたと記されていますから、この点でも卑弥呼説を裏付けることができます。

箸墓古墳が卑弥呼の墓ではないかと論じたのは、笠井新也という学者で、大正時代にすでに論文を発表しています。その頃は箸墓古墳の年代が卑弥呼の時代よりも五十年以上下ることから、それほど注目されませんでした。しかし、戦後になって、箸墓古墳から出土した土器を科学的に分析して年代を推定した結果、ほぼ卑弥呼の時代に重なるという結果が出ました。

また、近くの箸墓遺跡では、大規模な建物跡などが発掘されました。まだ、発掘が進んでいないので全体像はわからないのですが、邪馬台国の都があった場所ではないかという期待はふくらんでいます。

箸墓古墳は、宮内庁が皇族の墓と認定して管理しているため、学術的な発掘調査はできません。そのため松木武彦氏は、箸墓古墳に近いほかの大きな古墳の発掘調査の事例から内部を推測しています（『日本の歴史一　列島創世記』小学館）。

――後円部の土の中に、木棺《もつかん》があり、遺骸《いがい》の頭の周りには一～数枚の鏡が置かれ、胸元あたりには玉飾りや玉製品《ぎよく》があり、胴体の横には一～数本の刀や剣が置かれ、棺《ひつぎ》と石室の壁の間には大量の鏡や刀剣が置かれている。また、棺の前後と石室の壁の間には、甲《よろい》や冑《かぶと》が置かれる。そして石室に石の蓋《ふた》をかけ埋め戻し、その上には埴輪《はにわ》を立て並べてある。

松木氏は、こうした葬り方をされた被葬者は、神格を与えられた人物、すなわち外部の社会からも倭を代表する王、すなわち倭王と見做《みな》される存在だったと推測しています。そして、この後、箸墓古墳の規模と形を踏襲《とうしゆう》する大型の前方後円墳が、六世紀の中頃までの三百年間、十数代にわたって近畿に築かれることになるのは、「倭王の位が保たれ、代々その地位を占める人物が輩出《はいしゆつ》した様子を示す」としています。

現在では邪馬台国畿内説が有力で、さらに箸墓の地という特定の領域が有力候補になっています。しかし、まだ決め手に欠けると言わざるを得ません。

邪馬台国論争は、『魏志倭人伝』のわずか二千字の解釈をめぐって争われているもので、その意味では歴史の素人《しろうと》も参加できるものです。時代が下ると、中心的な史料だけではなく、周辺にもさまざまな関連史料があって、なかなか素人が参加するのは難しくなります。

しかし、邪馬台国の場所は、邪馬台国がかつて数多くあった日本の「クニ」の一つなのか、現在の日本につながる「ヤマト王権」の初期の姿なのか、という重要な問題を解く鍵《かぎ》になります。今後の年代測定の技術や発掘の進展によって、さらに確実な推論がなされることが期待されます。

『日本書紀』の崇神天皇の項を読むと、まだ神が威力を持つ神話的時代で、とても現実の歴史を書いたものとは思えません。おそらく想像によって書かれたもので、崇神天皇の実在も疑わしいと思っています。

しかし、初めて日本を統治したとされる崇神天皇の時代に、「ヤマト王権」の端緒《たんしょ》が見られるとすれば、それはそれで重要な意味があります。以降、前方後円墳が一般化し、中央政権の影響を受けた地方に広がります。この頃から「ヤマト王権」が確実に成立したとすれば、歴史時代に「大王《おおきみ》」家の血筋が最初から重視された理由も頷《うなず》けるものになります。邪馬台国論争は、日本国家成立史を考えるうえでたいへん重要なものなのです。

2　千年の都・京都を歩く

史跡の時代を意識する

平安時代以来、京都は日本の都です。そのため、無数の史跡がありますし、古い建物も数多く残っています。京都に一度も行ったことがないという人はほとんどいないでしょう。

京都観光の定番は、清水寺《きよみずでら》、東寺《とうじ》、大徳寺《だいとくじ》、金閣《きんかく》・銀閣、二条城などでしょうか。京都を回る時は、訪れる史跡が、いつの時代のものかを理解しておく必要があります。

清水寺は平安遷都《せんと》以前からの歴史を持ち、平安時代初期に征夷《せいい》大将軍・坂上田村麻呂《さかのうえのたむらまろ》に寺地が与えられました。ここに田村麻呂に帰伏《きふく》し、処刑された蝦夷《えみし》の指導者、アテルイとモレの供養碑《くようひ》があるのはそのためです。

東寺は教王護国寺《きょうおうごこくじ》とも言い、平安京鎮護《ちんご》のための官寺として建立《こんりゅう》されました。もとは西《さい》寺《じ》もありました。嵯峨《さが》天皇から空海《くうかい》（弘法《こうぼう》大師）に下賜《かし》され、真言密教《しんごんみっきょう》の根本道場として栄えました。そのシンボルの五重塔は空海の時代に建てられたものですが、現在のものは江戸幕府三代将軍家光《いえみつ》が寄進したものです。また、南大門は、もとは東山大仏（方広寺《ほうこうじ》）の西門で、豊臣秀頼《ひでより》が建設したものを移築しています。

二条城は、江戸幕府の城です。豊臣秀吉は二条城の近くに聚楽第《じゅらくてい》という城を築いていましたが、秀次《ひでつぐ》事件の後、破却《はきゃく》し、徳川家康が京都における城として建築したものです。

このように、成立の年代だけではなく、いつ栄えたか、現存の建物がいつ建てられたかなどを知っていると、観光もずいぶん違ったものになると思います。

平安京の原風景

藤原京、平城京、平安京など当時の都は、中国の都をモデルにしており、碁盤《ごばん》の目のように整った都市計画が行われました。そして京都の町は、現在でも碁盤の目状になっていますので、平安京そのままの姿を伝えているように思いますが、実はそうではありません。

JR京都駅を降りると、烏丸《からすま》通りがまっすぐ北に向かっていて、しばらくいった右手に京都御所《ごしょ》があります。そのため、この通りがかつての平安京の中心線だったように思う人が多いと思いますが、実はまったく違っています。

平安京の中心線である朱雀大路《すざくおおじ》は、現在のJR嵯峨野線《さがの》（山陰本線）が北上する線路上にありました。そして嵯峨野線の二条駅のすぐ北に朱雀門があり、門を入れば大内裏《だいだいり》で、その中心に政治や儀式を行う朝堂院《ちょうどういん》がありました。天皇が暮らす内裏はその奥の右側でした。大内裏の範囲は、南北は一条大路から二条大路まで、東西は西大宮大路から東大宮大路までです。

かつては朱雀大路で左京《さきょう》（東側）と右京《うきょう》（西側）が分かれていましたが、今は京都の町の中心は上京《かみぎょう》区と中京《なかぎょう》区になっています。平安京の姿を思い浮かべることもできないほど京都の町は変化しているのです。

寺院以外に往事の平安京の姿をしのぶことができるのは、内裏のすぐ外にあった天皇の庭園である神泉苑《しんせんえん》でしょうか。ここでは、天皇臨席のもと多くの文人《ぶんじん》が集《つど》って詩宴などが催されました。東寺の空海が西寺の守敏《しゅびん》と雨乞いの術比べを行ったとされるのもこの神泉苑です。守敏はこれに敗北し、西寺は廃《すた》れていったということです。清和《せいわ》天皇は、神泉苑の門を開き、渇水《かっすい》に苦しむ京の庶民に水を汲《く》むことを許し、また、冤罪《えんざい》で非業《ひごう》の死を遂《と》げた早良《さわら》親王、伊予《いよ》親王らのために、庶民も参加できる鎮魂《ちんこん》の祭である御霊会《ごりょうえ》を催しています。

長岡京・平安京MAP

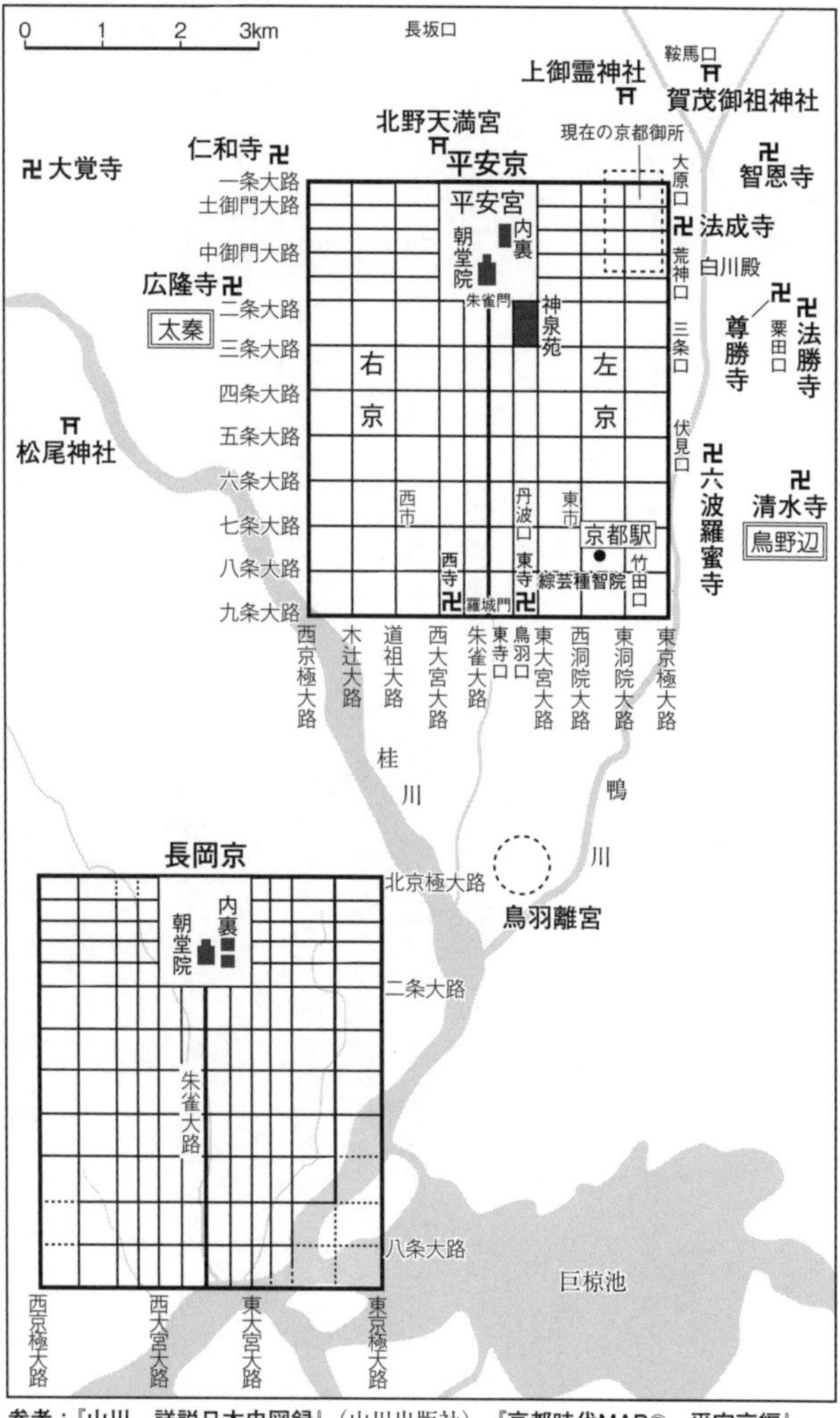

参考：『山川　詳説日本史図録』（山川出版社）、『京都時代MAP®　平安京編』（新創社編、光村推古書院）

しかし、源平の争乱を経た鎌倉時代初期には、「死骸充満、糞尿汚穢」に満ちた場へと転落します（荒木敏夫『日本古代の王権』敬文舎）。平安時代四百年の変化は劇的なものでした。現在の神泉苑は、東寺真言宗の寺院で、往事の十五分の一ほどに縮小しています。

平安京の東西は、東京極《きょうごく》大路と西京極大路の範囲です。東京極大路は現在の寺町通にあたり、修学旅行生がお土産《みやげ》を買う新京極という地名にその名残《なごり》があります。西京極大路は、現在のＪＲ嵯峨野線花園《はなぞの》駅あたりを通っていたはずですが、現在は重なる通りはありません。

どうして平安京の右京は、左京のように発展しなかったのでしょうか。それは、右京が北から南にかけて傾斜が強く、右京を流れる堀川や天神《てんじん》川が大雨のたびに洪水となり、河川域が変わったからです。そのため住民が移っていき、遷都から二百年ほどで町はほとんど農地になります。水害のない北部の嵯峨野のあたりは貴族の別荘地となりました。

このように、「千年の都」と称される京都ですが、成立当初の様子は今の京都からはうかがい知れないのです。

それでは、現在の京都御所がどのようにできたかと言えば、天皇が別に居所《きょしょ》を営《いとな》む「里内《さと》裏」が発祥《はっしょう》でした。

平安時代には火事が多く、内裏も十四回火災に遭《あ》いました。そのたびに、天皇は内裏の外に皇居を移しました。これを里内裏と言い、摂関《せっかん》政治の全盛期には摂関家の邸宅に移ることが多くなりました。もちろん、この場合、摂関家は邸宅を天皇に渡し、自分たちは別の邸宅に移ります。

鎌倉・室町時代の京都

平安時代後期、鳥羽《とば》天皇の時代には、里内裏が天皇の平常の居所となります。後白河《ごしらかわ》天皇は内裏の復興を行いますが、院政を始めると「法住寺殿《ほうじゅうじでん》」に住みました。現在、法住寺や豊国《ほうこく》神社がある広大な地所で、すぐ近くには平家の居住地である六波羅《ろくはら》がありました。後白河の女御《にょうご》の平滋子《たいらのしげこ》（建春門院《けんしゅんもんいん》）は、平清盛《きよもり》の妻の妹で、両者は地理のうえでも親密な関係にあったのです。

鎌倉時代にも二度の火事があり、後堀河《ごほりかわ》天皇の時に再建中の建物が焼失したのを契機に、内裏は廃絶し、里内裏が内裏の役目を果たしました。現在の京都御所は、もとは光厳《こうごん》天皇の里内裏だった土御門東洞院殿《つちみかどひがしのとういんでん》（土御門内裏）で、南北朝時代には北朝の皇居となり、ここが拡張されて皇居として定着しました。平安時代の内裏とはまったく違う場所だということに注意してください。

　室町幕府三代将軍足利義満《よしみつ》の建てた室町第《てい》の敷地は、東側が烏丸通、南側が今出川《いまでがわ》通、西側が室町通、北側が上立売《かみだちうり》通で、土御門内裏の北西に位置し、内裏の二倍の規模を誇りました。庭には鴨《かも》川から水を引き、各地の守護大名から献上《けんじょう》された四季折々の花木を配置して、「花の御所」と呼ばれました。位置的にも将軍が皇居を守る形になっていたのです。

　義満は、隠居所として北山の地に金閣を造営しました。現在、鹿苑寺《ろくおんじ》となっており、八代将軍足利義政《よしまさ》が建設した銀閣（慈照寺《じしょうじ》）と並んで京都の観光名所になっています。

　その義政の時、応仁《おうにん》の乱が勃発《ぼっぱつ》し、京都は戦場となって荒廃しました。当時の後花園上皇と後土御門天皇は、仙洞《せんとう》（上皇の御所）と内裏を捨てて室町第に避難しています。織物業で有名な西陣《にしじん》は、西軍が陣を布《し》いた場所であることに由来する地名です。

　室町第は、文明八年（一四七六）、応仁の乱の戦火で焼失します。応仁の乱の後、修理が行われましたが、それは最小限のものでした。十三代将軍足利義輝《よしてる》は、斯波《しば》邸宅跡に二条御所を造営して移りました。

　大徳寺が創建されたのは鎌倉時代ですが、現在見られるような大寺院となったのは室町時代のことです。

豊臣秀吉による大改造

京都の様相が一変するのは、織田信長が上洛《じょうらく》してからのことです。信長は、擁立《ようりつ》した十五代将軍足利義昭《よしあき》のために二条第を再建し、内裏を修理しました。

豊臣秀吉は、内裏の改築を行ったほか、聚楽第の建設や御土居《おどい》の築造など、京都を大改造しています。

聚楽第は、第（邸宅）と名付けられていますが、天守閣を持ち、堀をめぐらした城郭《じょうかく》でした。場所は平安京の大内裏があった地域で、北は元誓願寺《もとせいがんじ》通、南は丸太町《まるたまち》通、東は堀川、西は千本通で囲まれていたと推測されています。京都府埋蔵文化財調査研究センターによる発掘調査によって、上京区のハローワーク西陣の地に巨大な堀が確認されました。これは内郭の堀の跡で、調査担当の森島康雄氏によれば、聚楽第の内郭の範囲は、北は一条通、東は大宮通、南は出水《でみず》通、西は浄福寺《じょうふくじ》通だということです。

ここが秀吉の京都における城でしたが、関白《かんぱく》の座とともに秀次《ひでつぐ》に譲り、秀次自害の後は取り壊されました。

さらに秀吉は、幅約二十メートルの高い土塁《どるい》を築き、同時に築いた二十メートル幅の堀で取り囲みました。これが「御土居」で、全長は、約二十三キロに及びます。京都は、初めて城壁に囲まれた都市になったのです。

現在はほとんどが取り崩されていますが、一番保存状態のよいとされる鷹峯《たかがみね》の大宮土居町の御土居に立つと、御土居と堀の規模がわかります。長らく民有地でしたが、近年、公有地となり整備されました。北野天満宮脇に残る御土居は、堀として利用された天神川の方から眺めると、土塁がそびえ立っていて、当時の壮大な姿がしのばれます。毎年、梅の季節には、北野天満宮から御土居に登ることができます。

御土居がなぜ築かれたかについては、諸説あります。イエズス会巡察使《じゅんさつし》のヴァリニャーノは「秀吉が自分の名声を後世に伝えるため」とし、イエズス会宣教師フロイスは「都の美観を保つため」と書いています。御土居が天正《てんしょう》十九年（一五九一）閏《うるう》一月に建設されたことを重視する京都大学名誉教授の藤井譲治氏は、朝鮮・明《みん》との戦争中の首都防衛施設であるとしています。明や朝鮮が日本にまで攻めてくると考えていたとは思えませんが、秀吉は朝鮮に渡海するつもりでしたから、自分の留守中のことを考えて京都を城構えにした可能性はあります。一方、歴史地理学者の中村武生《たけお》氏は、都としての京都の体裁《ていさい》を整えるためだと推測しています。

京都御土居MAP

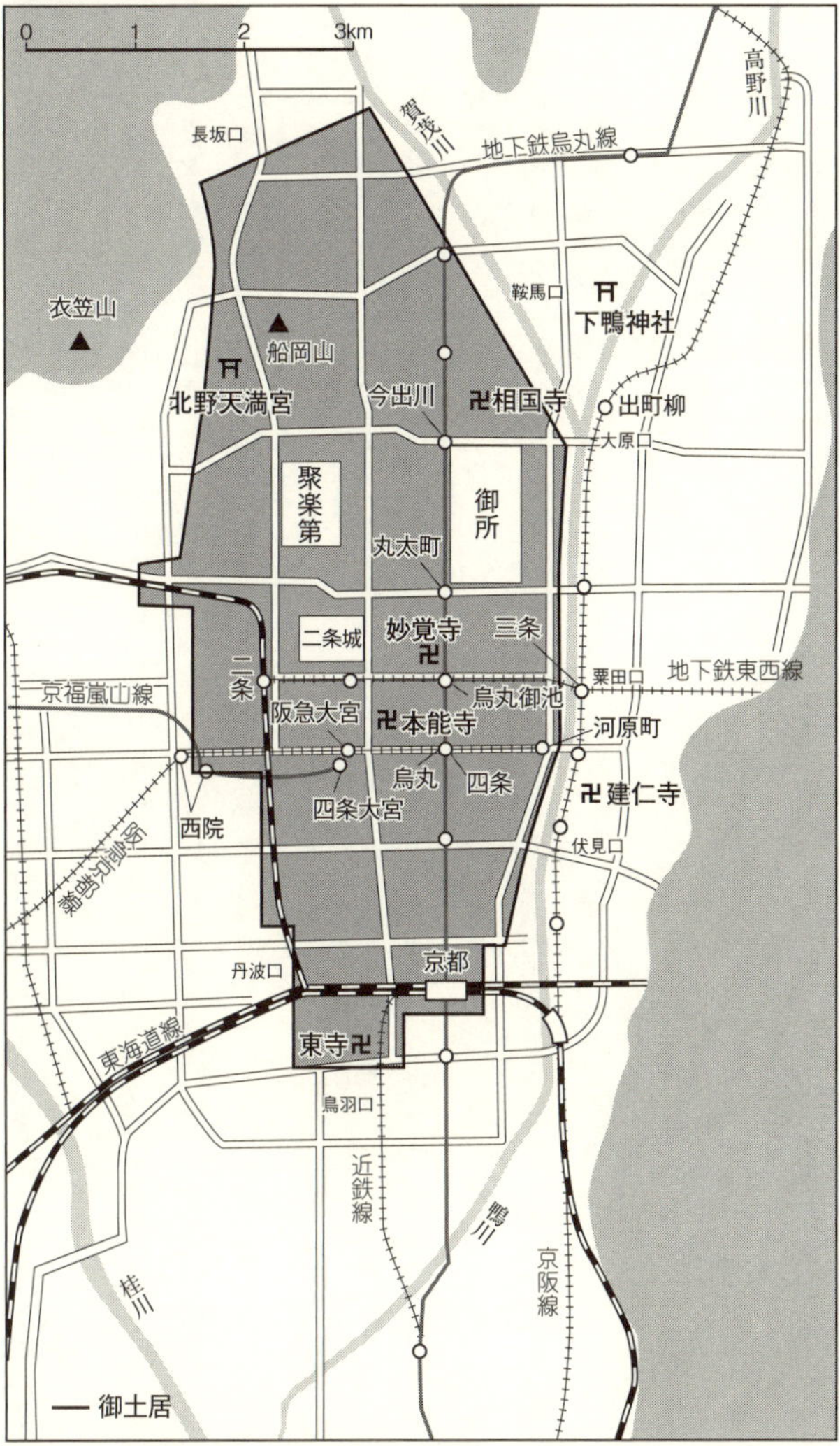

参考：『京都時代MAP　安土桃山編』（新創社編、光村推古書院）

この問題については、まだ最終的な結論は出ていません。読者の皆さんも、御土居の跡を歩きながら、秀吉の意図を推測してみてはどうでしょうか。

このほか、三条河原では、秀次の首を前に彼の幼い四人の男子と女子・側室・侍女《じじょ》・乳母《うば》ら三十九名が処刑されました。映画『関ヶ原』（原作・司馬遼太郎《しばりようたろう》）はこの場面から始まっています。秀吉は、ここに塚を築き、「秀次悪逆塚　文禄《ぶんろく》四年七月十四日」と刻した碑を建てました。

江戸時代初期の豪商角倉了以《すみのくらりようい》は、高瀬川開削の時、この碑を掘り当て、「悪逆」の二字を削り、秀次と処刑された子女妻妾《さいしよう》の遺骨を掘り集め、瑞泉寺《ずいせんじ》を建てて彼らの菩提《ぼだい》を弔《とむら》いました。

また、東山《ひがしやま》大仏は、秀吉が建てた大仏で、のち方広寺となります。方広寺には、大坂の陣の口実となった「国家安康」「君臣豊楽」が鋳《い》られた鐘が現存します。

徳川家の城、二条城

現在も残る二条城は、家康が建てた城です。慶長六年（一六〇一）五月、家康は、建設予定地内の町屋千軒を立ち退《の》かせています。翌年五月に着工し、家康が征夷大将軍に補任《ぶにん》された直後の慶長八年三月に竣工《しゅんこう》しています。現存しませんが、五層の天守閣を備えた本格的な城郭でした。

元和《げんな》六年（一六二〇）、二代将軍秀忠《ひでただ》の娘和子《まさこ》の入内《じゅだい》の時は、この城から和子の輿《こし》が出ました。同九年には、伏見《ふしみ》城が廃城になっています。

寛永《かんえい》三年（一六二六）、三代将軍家光の時、大規模な修築工事が行われ、これによって城域が西方に拡大し、本丸や天守も位置を移して再建されました。

四代将軍家綱《いえつな》は将軍宣下《せんげ》を江戸城で受け、以後十四代将軍家茂《いえもち》に至るまで上洛することはなくなりましたから、二条城は常に空き城の状態でした。

寛延《かんえん》三年（一七五〇）、落雷によって天守閣が焼け落ち、天明《てんめい》八年（一七八八）の大火では、二の丸御殿を残して本丸御殿や隅櫓《すみやぐら》が焼失しました。十五代将軍慶喜《よしのぶ》が在京十万石以上の藩の重臣を集めて大政奉還を示したのが二の丸だったのは、本丸がなかったからです。

仁和寺や大覚寺に残る朝廷の御殿

京都観光では、天皇の宮殿だった京都御所をぜひとも見ておきたいところです。

正殿である紫宸殿《ししんでん》、天皇が政務を執《と》る清涼殿《せいりょうでん》は、儀式や政務のための表向きの建物です。

その北側にある小御所《こごしょ》、御学問所、御常御殿《おつねごてん》などは、天皇の日常生活や内向きの行事、対面などに使われたものです。表向きの建物は平安時代の貴族の邸宅に見られる寝殿《しんでん》造り、内向きの建物は室町時代以来一般化した書院造りです。

京都御所はいつも入れるわけではなく、一般公開日があります。インターネットで検索してみてください。修学院離宮や桂《かつら》離宮は、宮内庁への申請が必要です。ネットでも申請できますが、人気がありすぐに予約でいっぱいになります。修学院離宮は江戸時代初期に後《ご》水尾上皇《みずのおじょうこう》が造った別邸、桂離宮は八条宮智仁《としひと》親王の別邸で、桃山時代から江戸時代の史跡です。平安時代のものではありません。

京都を観光すると、寺ばかり回っているような印象がありますが、実は京都のお寺の観光には、別の楽しみ方があります。

たとえば洛西にある仁和寺《にんなじ》は、徒然草《つれづれぐさ》の兼好《けんこう》法師の文章で有名で、現在では世界遺産でもあります。私も、近衛《このえ》家の史料を保存する陽明文庫の調査に赴《おもむ》いた時は、昼休みによく仁和寺を散策しました。

仁和寺は、平安時代前期、光孝《こうこう》天皇の勅願《ちょくがん》で建て始められ、次の宇多《うだ》天皇の代に落成しました。寺には、当時の元号である「仁和」が使われており、それだけでも格が高い寺であることがわかります。

宇多天皇は出家後、仁和寺に「御室《おむろ》」と呼ばれる僧坊を建てて住んだため、「御室御所」とも呼ばれます。以来、朝廷と関係の深い寺で、親王が門跡《もんぜき》を務め、門跡寺院の筆頭でした。

仁和寺の金堂《こんどう》は、阿弥陀《あみだ》三尊像のある中心的な建物で、桃山時代の国宝建築物ですが、実は慶長十八年（一六一三）に造営された御所の紫宸殿を寛永年間に賜《たまわ》って金堂にしたものです。この建物が現存最古の紫宸殿の遺構ですので、京都御所よりも古い朝廷の建物に触れることができるわけです。

こうした朝廷の遺構は、嵯峨野の大覚寺《だいかくじ》にもあります。大覚寺は平安時代初期、嵯峨天皇が創建し、鎌倉時代後期、後宇多《ごうだ》上皇が再興した寺です。後宇多上皇は、ここで院政を行ったため、「嵯峨御所」とも呼ばれます。

書院造りの正寝殿《しょうしんでん》は、後宇多上皇が院政を行った上段の間（御冠《おかんむり》の間）が復元されています。また、寝殿造りの宸殿は、後水尾天皇に入内した秀忠の娘である東福門院和子が女御殿の宸殿として使っていた建物で、後水尾天皇から下賜されたものです。

このように京都の寺院には、御所の建物や上皇の御所などをしのぶことができる建物があります。こうした視点で回ると、興味も深まるのではないでしょうか。

また、このほかにも、石川五右衛門《ごえもん》が上って「絶景かな、絶景かな」と言ったという南禅寺《なんぜんじ》三門、『善の研究』で有名な哲学者、京都大学の西田幾多郎《きたろう》がいつも歩いたという銀閣に至る哲学の道など、雰囲気のいい場所がたくさんあります。

幕末京都の遺跡

現在の京都御所は、御所の廻りに建物がほとんどなく、清浄《せいじょう》な空間を保っていますが、江戸時代には、五摂家《ごせっけ》やそのほかの公家《くげ》の屋敷が御所を取り囲んでいました。

その片鱗《へんりん》を垣間《かいま》見ることができるのが、九条家屋敷内にあった茶室拾翠亭《しゅうすいてい》です。九条家屋敷の敷地は約一万七百坪もあり、建物も三千八百坪ありました。これらの建物は、明治の初めにほとんどが取り壊され、わずか四十坪余りの拾翠亭のみが残されたのです。拾翠亭の広間からは勾玉《まがたま》池と呼ばれる池と庭園が望め、往事をしのぶことができます。

京都・大坂には、西国諸藩を中心に、大名の蔵《くら》屋敷が数多く建設されていました。京都は、文化を担った公家の居住地であるとともに、西陣など最先端の手工業都市でもありました。大名は、町人の名義で取得した屋敷（そのため表向きは「蔵屋敷」と称しました）に家臣を常駐させ、贈答用の西陣の絹織物やさまざまな工芸品を誂《あつら》えていました。

幕末には、この蔵屋敷が政治的役割を強め、尊皇攘夷《そんのうじょうい》の志士たちが活動の拠点としました。たとえば薩摩《さつま》藩の屋敷は、今出川（現在の同志社大学の敷地）にあり、長州藩の屋敷は京都ホテルオークラの場所、土佐藩の屋敷は旧立誠小学校の場所にありました。そして志士たちは、こういった屋敷やその周辺の町屋を借りてアジトにしていました。

坂本龍馬は、土佐藩の脱藩士だったので、大政奉還後も土佐藩の屋敷に入ることは遠慮し、近江《おうみ》屋という旅宿に潜伏《せんぷく》していました。そのため、京都見廻組《みまわりぐみ》に発見され、殺害されたと言われています。龍馬が殺害された後、西郷《さいごう》隆盛は、龍馬を土佐藩の屋敷に匿《かくま》わないからこんなことになるんだと、土佐藩の後藤象二郎《しょうじろう》をなじっています。

龍馬暗殺は、最初は新撰組の仕業《しわざ》だと思われていました。その新撰組の屯所《とんしょ》は、壬生《みぶ》にあり、当時近藤勇《いさみ》たちが住んでいた八木家住宅があります。ここの柱には、近藤が芹沢鴨《かも》を襲撃した際の刀傷《かたなきず》も残っています。

三条木屋町《きやまち》の池田屋は、新撰組の名を高めた池田屋事件が起こった場所です。元治《げんじ》元年（一八六四）六月五日、京都守護職松平容保《かたもり》預かりとなっていた新撰組は、池田屋に長州藩や土佐藩などの志士が集まっているという情報をつかみ、捕縛《ほばく》に向かいました。不意を突かれた志士たちは応戦しますが、吉田稔麿《としまろ》・北添佶摩《きたぞえきつま》・宮部鼎蔵《ていぞう》ら七名が討ち死にしました。これが、長州藩が京都回復をもくろんで敗北した禁門の変の引き金にもなります。

この場所は、現在では「池田屋　はなの舞」という居酒屋になり、映画『蒲田《かまた》行進曲』で使われた大階段が作られています。もちろん、当時の池田屋にあった階段は狭くて急なものでした。

京都から京阪《けいはん》電鉄に乗って中書島《ちゅうしょじま》駅で降りて歩くと、伏見の町が広がります。有名な寺田屋は、伏見の船宿です。慶応二年（一八六六）一月二十四日、坂本龍馬が寺田屋に泊まっていた際、伏見奉行所《ぶぎょうしょ》の役人に捕らえられそうになり、恋人のお龍《りょう》の機転によって逃れることができました。この寺田屋は薩摩藩も利用しており、文久《ぶんきゅう》二年（一八六二）四月二十三日には、薩摩藩国父・島津久光《ひさみつ》が、奈良原喜左衛門らに命じて、過激派の有馬新七らを上意討ちさせた寺田屋事件の舞台ともなりました。

このように京都の史跡は、平安時代から幕末まで豊富です。中村武生氏が『京都の江戸時代をあるく』（文理閣）、『中村武生とあるく洛中洛外』（京都新聞社）などの著書で詳しく解説していますから、それらを参考にして歩いてみてください。

3 武家の都・鎌倉を歩く

鎌倉幕府の故地

鎌倉は、源頼朝《よりとも》が創設した鎌倉幕府の故地として、江戸時代でも人気の観光地でした。参勤交代で国元に帰る途中の鳥取藩池田光仲《みつなか》の家臣が、行列から離れて鎌倉を観光し、叱られるという事件も起こっています。

全国を漫遊したとされる水戸黄門《みとこうもん》（徳川光圀《みつくに》）は、実は江戸と国元以外の地にはほとんど行っていないのですが、鎌倉の英勝寺に実父の養母の墓があったため、鎌倉を訪れ、家臣に調査をさせて『鎌倉志』という書籍を編纂《へんさん》しています。

もちろん、現在でも鎌倉は人気の観光地で、テレビの歴史番組や旅行番組でもよく取り上げられ、ゴールデンウィークには人があふれます。

私が初めて鎌倉に行ったのは、予備校時代です。その時は、当時はまだ国鉄だった北鎌倉駅で降り、無学祖元が開いた円覚寺《えんがくじ》、さだまさしの歌で有名になった縁切寺《えんきりでら》・東慶寺《とうけいじ》、鎌倉五山筆頭の建長寺、鶴岡八幡宮《つるがおかはちまんぐう》などを回るという定番のコースでした。

二度目は、東大教養学部の義江彰夫《よしえあきお》先生のゼミ小旅行で、源氏山、化粧坂切通《けわいざかきりどおし》などを回りました。

三度目は、東大国史学科の新歓行事で、やはり北鎌倉駅から鎌倉駅に向かうコースでした。ある同級生が、東慶寺で説明板を読み、「男憎し寺」というのか、と言い、みななるほどと納得していたところ、参加されていた尾藤正英《びとうまさひで》先生が説明板を見て、「男僧寺《だんそうじ》でしょう」と指摘されたことをよく覚えています。

東慶寺は、鎌倉幕府の執権北条貞時《しっけんほうじょうさだとき》が開基で、江戸時代には捕らわれた豊臣秀頼の娘天秀尼《てんしゅうに》が千姫（二代将軍秀忠の娘）の養女となり命を助けられた後、住持を務めた独立の尼寺《あまでら》でした。明治になって円覚寺の末寺《まつじ》になり、男僧寺になっていたのでした。

その後、ゼミ生を連れた小旅行や講演などで何度も鎌倉に行く機会があり、鎌倉幕府の跡、源頼朝の墓、鎌倉大仏や長谷寺《はせでら》、極楽寺坂《ごくらくじざか》、「やぐら」と呼ばれる鎌倉時代の洞窟墳墓《どうくつふんぼ》、材木座海岸など、さまざまなところを回りました。ここでは、お薦めのコースを紹介してみましょう。

化粧坂切通と源氏山

鎌倉は、山に囲まれた地で、天然の要害です。鎌倉に入るには切通と呼ばれる山を切り取って作った道を通る必要があります。これを鎌倉七口と言います。名越《なごえ》坂、朝夷《あさい》(比)奈《な》切通、巨福呂《こぶくろ》(小袋)坂、亀ケ谷《かめがやつ》坂、化粧坂、大仏坂、極楽寺坂です。

巨福呂坂は、建長寺から鶴岡八幡宮に入る道で、現在の道は明治十九(一八八六)年に造られたものです。朝夷奈切通はスケールも大きく、最も古い面影《おもかげ》を伝える古道ですが、鎌倉の町から遠く、道もわかりにくいので行ったことがない人が多いでしょう。

鎌倉初心者には、化粧坂をお薦めします。鎌倉駅西口を出て北に歩くと、寿福寺《じゅふくじ》がありま す。頼朝の妻である北条政子《まさこ》が開基で、開山は宋《そう》に渡って修行し日本に禅を伝えた栄西《えいさい》です。鎌倉五山の第三位ですが、現在はその面影はありません。むしろ、ここが源義朝《よしとも》の居館跡だったことが歴史散歩的には重要です。奥には、「やぐら」と呼ばれる人工の洞窟の中に、北条政子と源実朝《さねとも》の墓があります。

寿福寺の前の道をさらに北に歩き、左に折れます。そこが化粧坂で、くの字に折れた急坂です。切通が防御《ぼうぎょ》の拠点となることがよくわかります。

化粧坂を登り切ると、源氏山公園です。名前は、源頼義《よりよし》が前九年の役《えき》に赴く際の出発の地であることに由来しており、源頼朝の座像が建っています。

この源氏山公園は、鎌倉幕府が公認した市《いち》が立った場所でもあり、鎌倉に入る物資が集まる商業地域として賑《にぎ》わっていました。また、ここには多くの遊女がいて、化粧をしていたことから、化粧坂と呼ばれたとも言われます。

一般に中世、市が立つ場所は、こうした境界地域です。堺《さかい》が自治都市として発展したのも、河内《かわち》と和泉《いずみ》の境の町だったからです。

境界地域は、別の役割も持っていました。ここには、後醍醐《ごだいご》天皇の家臣で鎌倉に送られて刑死した日野《ひの》俊基《としもと》の墓が建っています。つまり、ここは刑場でもあったのです。また、庶民が遺体を風葬する場所でもありました。ちなみに日野俊基の墓は宝篋《ほうきょう》印塔《いんとう》ですが、処刑された時には墓が建てられていたはずはなく、後に建てられたものです。

ここから南に行けば観光客で賑わう銭洗《ぜにあらい》弁財天《べんざいてん》があります。さだまさしの「縁切寺」では、源氏山から北鎌倉に行っています。おそらく、源氏山から化粧坂を下り、ガードをくぐって亀ヶ谷坂を通り、左折して北鎌倉方面に行き、東慶寺の前に着いたのでしょう。亀ヶ谷坂のあたりは、室町時代、関東管領《かんれい》の扇谷《おうぎがやつ》上杉氏の居館のあった場所です。

鎌倉散策MAP

田谷の洞窟
根岸線
203
23
横浜市
大船
301
東海道本線
湘南モノレール
横須賀線
円覚寺
北鎌倉
鎌倉市
東慶寺
亀ヶ谷坂
建長寺
巨福呂坂
32
化粧坂
鶴岡八幡宮
六浦
銭洗弁財天
寿福寺
204
源氏山公園
若宮大路
葛西ヶ谷
鎌倉
大仏坂
朝夷奈切通
鎌倉大仏
長谷寺
由比ヶ浜
和田塚
長谷
名越坂
極楽寺
七里ヶ浜
材木座海岸
滑川
稲村ヶ崎
逗子市
江ノ島電鉄
和賀江島
134
極楽寺坂
逗子
311
0
1
2
3km

東慶寺に行くのもいいのですが、亀ヶ谷坂を通って右折して建長寺に行き、巨福呂坂を通り、鶴岡八幡宮に横から入る、というのもお薦めです。これなら、鎌倉七口のうち三口まで一日で体験できます。ただし、本来の巨福呂坂は鶴岡八幡宮横から途中まで入れる坂道にわずかに面影が残っているにすぎません。

ちなみになぜ巨福呂坂の外に建長寺や円覚寺という大寺院があるかと言えば、そこが北条氏嫡流《ちゃくりゅう》の直轄領である山内荘《やまのうちのしょう》だったからです。北条氏は、ここに山内別邸を造り、大きな禅宗寺院を建立していったのです。

鶴岡八幡宮は、源頼義が京都の石清水《いわしみず》八幡宮を勧請《かんじょう》して建立したもので、頼朝が現在の若宮の場所に移しました。山の中腹に社殿が造られたのは、建久《けんきゅう》二年（一一九一）で、頼朝が征夷大将軍に任じられる一年前です。社殿からは、材木座海岸が見通せます。

源義経《よしつね》の愛妾《あいしょう》だった静御前《しずかごぜん》は、鶴岡八幡宮の境内《けいだい》で義経をしのんで「静《しず》や静……」の舞《まい》を踊ります。また、この立派な階段では、三代将軍源実朝が二代将軍源頼家《よりいえ》の遺児公暁《くぎょう》に暗殺され、源氏将軍は三代で終わります。

こうした歴史的事件に思いをはせながら史跡を回ると、見慣れた場所でも趣《おもむき》は変わってくると思います。

材木座海岸と朝夷奈切通

鎌倉駅東口を出て、若宮大路に出ると、北に行けば鶴岡八幡宮で、このコースが一般的ですが、南に行くと海に出ます。滑川《なめりがわ》の西が由比ヶ浜《ゆいがはま》、東が材木座海岸です。

材木座の由来は、ここに各地から大量の建材が運び込まれたことによります。その材木を扱う商人たちの座（組合）があったから、材木座という名前で残ったのでしょう。

材木座の砂浜を逗子《ずし》の方に歩いていくと、海中に浅瀬が見えてきます。これが和賀江《わかえ》島です。平たい島で、満潮時はほとんど海面下に没します。

この島は人工のもので、貞永《じょうえい》元年（一二三二）、執権北条泰時《やすとき》の時に築かれたものでした。ここが鎌倉の港で、『海道記《かいどうき》』という記録には、この港には数百艘《そう》の船が出入りし、海岸には千万宇《う》の家が軒《のき》を連《つら》ねていた、と書かれています。

鎌倉には、もう一つの港がありました。東京湾に面した六浦《むつうら》（横浜市金沢区）の港です。京浜急行金沢文庫駅一帯が六浦港で、ここは天然の良港で、中国との貿易拠点でもありました。

鎌倉から六浦に至る道は、現在では鎌倉―金沢八景を結ぶ路線バスがありますが、当時は朝夷奈切通を通っていきました。

この切通は、バス路線からそれた山の中を通っており、七口のなかで一番往事の面影を残しています。鎌倉駅で金沢八景行きのバスに乗り、「十二所神社《じゅうにそ》」の停留所で降り、滑川沿いの道に入ると、左手の高い土地に江戸時代の庚申塔《こうしんとう》や馬頭観世音《ばとうかんぜおん》が建っています。もともとの道はその高さにあり、現在は道路が掘り下げられて拡幅されているのです。

そこから川に沿って林の中の道を進むと、道と川が一体となったような山道に入ります。途中太刀洗《たちあらい》の滝があります。寿永二年（一一八三）、梶原景時《かじわらのかげとき》が頼朝の命《めい》で上総介広常《かずさのすけひろつね》を斬り、太刀を洗ったという伝承があります。そこを過ぎてなお登り道を行くと、両側に岸壁がそびえ立つ切通につきます。ここが朝夷奈切通です。切通は二カ所あって、一番目を大切通、二番目を小切通と言います。小切通を下っていくと、しばらくしてバス道路に出ます。ここには「朝比奈」のバス停があるので、バスに乗れば鎌倉に帰ることができますし、金沢八景方面に出ることもできます。

金沢八景方面では、ぜひ、称名寺《しょうみょうじ》を訪れてください。この寺は、金沢《かねさわ》北条氏一門の菩提寺で、北条実時《さねとき》が六浦荘金沢の屋敷内に建てた持仏堂《じぶつどう》が起源です。実時の孫貞顕《さだあき》の時代には三重の塔を含む七堂伽藍《がらん》を完備した大寺院となりました。現在も立派な本堂があり、美しい庭園があります。

西側の短いトンネルを抜けると神奈川県立金沢文庫があり、金沢北条氏が蓄積した文書・記録・和漢の典籍が継承されています。中国の典籍類は、六浦に入港した宋の船から購入したものでしょう。当時の鎌倉や六浦は、国際貿易都市だったのです。

由比ヶ浜の人骨

由比ヶ浜では人骨がたくさん出ており、鶴岡八幡宮の一の鳥居から海岸に至る砂地には人骨の細片が一面に散らばっていたと言います（鈴木尚《ひさし》『骨』学生社）。

東大人類学教室の教授鈴木尚氏は、鎌倉時代の人骨を求めて、一の鳥居近くの簡易裁判所建設予定地で試掘したところ、ぞくぞくと人骨が現れ、本格的な調査を行って二百平方メートルの土地から少なくとも九百十体の人骨が発見されました。

これは、江戸時代後期にまとめて改葬された土地の中央部を掘り当てたためで、こうした場所が何カ所かあったようです。

出土した人骨を詳細に調査したところ、ほとんどが青年・壮年の男性で、刀創《とうそう》・刺創・打撲創がありました。最も多かったのは刀創でした。

鈴木氏は、この人骨は元弘《げんこう》三年（一三三三）五月の新田義貞《にったよしさだ》による鎌倉攻めの時の犠牲者であろうと推測しています。

新田義貞は、後醍醐天皇の皇子である護良《もりよし》親王の令旨《りょうじ》に応じ、上野《こうずけ》国の新田荘で挙兵しました。当初、百五十騎ほどだった手勢は二、三日のうちにその地域の御家人《ごけにん》たちが加わってふくれあがり、武蔵国分倍河原《ぶばいがわら》の戦いに勝利して西から鎌倉に迫ります。

北条氏一門と御内人《みうちびと》たちは、極楽寺坂・化粧坂・巨福呂坂の諸口を固め、防戦します。さすがにこの切通は簡単には破れませんでした。そのため義貞らは、海辺へ向かい、五月二十一日未明、七里ヶ浜《しちりがはま》の磯伝いに稲村ヶ崎《いなむらがさき》に入り、由比ヶ浜から鎌倉市街で戦いました。北条高時《たかとき》をはじめとする北条氏一族と御内人たちは塔ノ辻《とうのつじ》の館から背後の葛西ヶ谷《かさいがやつ》に集まり、およそ七、八百人が自害し、実質的に鎌倉幕府は滅亡しました。

これほど大量の犠牲者が出る戦いは、この時をおいてほかにはないでしょう。

伝承では、新田義貞が海中に刀を投げ入れたところ、潮《しお》が引いて鎌倉に入れたとされますが、歴史家の中には磯伝いに鎌倉に入れるかどうか確かめた人がいて、干潮の時は七里ヶ浜は人が通れたことがわかりました。

4 戦国時代の城や古戦場を歩く

大河ドラマの舞台・井伊谷

二〇一七年のNHK大河ドラマは『おんな城主 直虎《なおとら》』です。この人物は、徳川四天王の一人で彦根藩主となる井伊直政《いいなおまさ》の養母で、戦国の「女地頭《じとう》」として知られた人物です。しかし、実際には史料に乏しく、なかなかその実像は明らかになっていません。

井伊家の本拠地のあった井伊谷《いいのや》は、静岡県浜松市にあり、浜名湖の北に位置します。ここにも行ってみましょう。

井伊谷の中心は、井伊谷バス停のあたりで、「井伊谷」という交差点があります。この北に井伊家の居館がありました。現在では住宅地になっています。その北西方向に、現在は「城山《しろやま》公園」になっている井伊谷城址があります。中世の城ですので山にしか見えませんが、引佐《いなさ》多目的研修センターが目印になります。その後方に城に登る登山道があります。

井伊谷は、「谷」という名前から想像していたよりはるかに広く、起伏はありますが、けっこう開けた土地でした。やはり現地に行ってみると、抱いていたイメージが修正されます。南には浜名湖の北を通る街道が走っており、気賀《きが》の関所があります。ここは関所の建物が再建され、当時の様子が人形で再現されています。

井伊谷の名所は、井伊家菩提寺の龍潭寺《りょうたんじ》で、観光客もたくさん訪れています。本堂も庭園も立派です。井伊家の祖である共保《ともやす》、直盛《なおもり》（直虎の父）、直政の三人の木像を安置した御《お》霊屋《たまや》があり、その横手には歴代の墓所があります。また、隣の井伊谷宮は、明治時代に建立された神社ですが、南北朝時代の後醍醐天皇の第四皇子の宗良《むねよし》親王が晩年過ごした場所で、親王が祭神となっており、陵墓《りょうぼ》もあります。目指す史跡とは別の史跡を発見するのも、現地に行く楽しみの一つです。

井伊直虎を含む井伊家歴代当主の事蹟は、龍潭寺九世住持・祖山法忍和尚《そざんほうにんおしょう》が享保《きょうほう》十五年（一七三〇）に書いた『井伊家伝記』によって語られています。『引佐町史』は、この史料などを中心に、井伊家の歴史をよくまとめてあり、よい参考書になります。静岡県の方なら地元の図書館などで読めると思いますが、他県では大きな図書館でないと架蔵していないかもしれません。

楠戸義昭《くすどよしあき》氏は、『引佐町史』も含めて多くの文献を読んで『女城主・井伊直虎』（PHP文庫）をまとめています。現地に行く前、この本を読んでおけば、基礎知識は身につくでしょう。

次郎法師と直虎は別人か

井伊家は、戦国時代の当主直平《なおひら》の時代に駿河《するが》の戦国大名今川家に属し、その子直宗《なおむね》が戸田氏との戦いで戦死して、孫の直盛が当主になります。

直盛は、叔父の直満《なおみつ》の子である直親《なおちか》（亀之丞《かめのじょう》）を娘の直虎の婿《むこ》にして跡取りにしようとしますが、家老小野和泉守の讒言《ざんげん》により、直満は今川義元《よしもと》によって殺害され、直親も信濃《しなの》に逃れます。このため、直虎は尼になり「次郎法師《じろうほうし》」を名乗ります。

直親は十一年後に井伊谷に戻ってきますが、すでに信濃で子をもうけており、出家していた直虎は直親とは結婚しませんでした。

直盛が桶狭間《おけはざま》の戦いで戦死した後、直親が、井伊家の跡取りとなります。しかし直親は、遠江《とおとうみ》に勢力を拡大していた徳川家康との内通を疑われ、駿府《すんぷ》に申し開きに行く途中、掛川《かけがわ》で朝比奈備中守《びっちゅうのかみ》に殺害されます。こうして男子のいなくなった井伊家では、直盛の娘で尼になっていた「次郎法師」を当主とし、直親の忘れ形見である直政の後見をします。

この時、次郎法師は「直虎」という男の名前を名乗ることになったと考えられていましたが、京都市の井伊美術館の館長井伊達夫氏が、『雑秘説写記《ざつひせつしゃき》』という史料を根拠に、井伊直虎は今川家の家臣だった新野親矩《にいのちかのり》の甥《おい》（関口氏経《うじつね》の子）の井伊次郎だった、という新説を提唱しました。

もともと、「直虎」の名が出てくるのは、永禄《えいろく》十一年（一五六八）十一月九日付けで祝田《ほうだ》郷《ごう》に徳政を命じた文書（蜂前《はちさき》神社文書）だけで、これに「次郎直虎」という署名と花押《かおう》が据《す》えられていました。これまで、次郎法師＝井伊次郎直虎と考えられていたのですが、これが別人だという説です。この文書が、関口氏経との連署だということもそれを補強します。

今川氏の家臣の関口親永《ちかなが》には井伊直平（直盛の祖父）の娘が嫁いでおり、その間に生まれた娘が徳川家康の最初の正妻である築山殿《つきやまどの》です。親永と氏経の関係はわかりませんが、同じ一族だった可能性は高く、そうした関係から氏経が井伊谷の支配にあたったと考えればすっきりします。

『井伊家伝記』には、次郎法師の出家の話に続けて「この次郎法師は、井伊直親が殺害された後、その子の直政が幼少だったため、井伊家領地の地頭職を御勤めなされた」という記述があります。

次郎法師が、直親死後の一時期、井伊家領地の井伊谷の領主であったことを述べているの

井伊谷&浜名湖周辺の古戦場

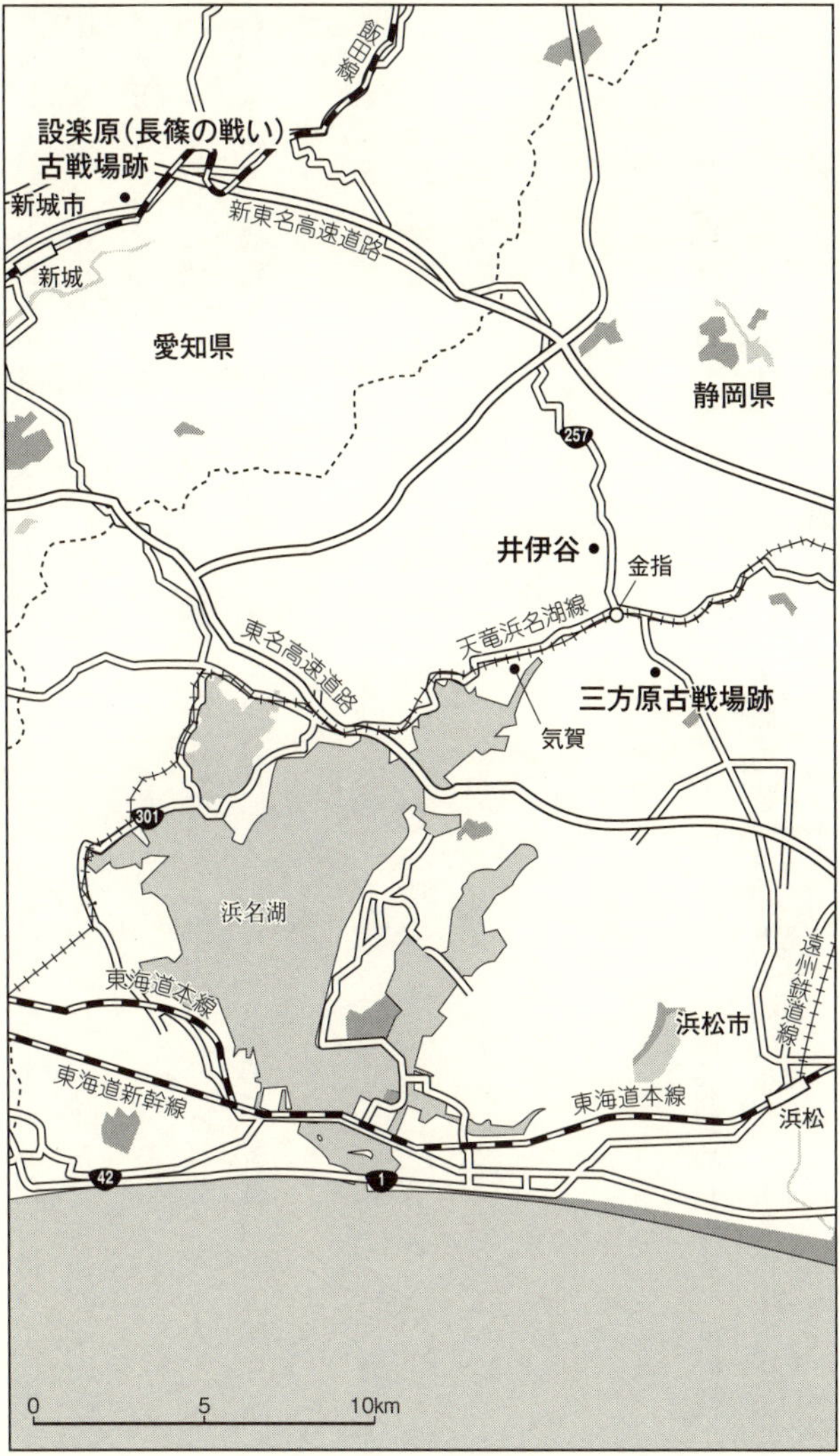

ですが、次郎法師が井伊谷城の「女城主」になったわけではなく、実は井伊谷は今川氏の支配となり、今川氏の家臣・関口氏経と次郎法師だと思われていた「次郎直虎」という氏経の子が現地で徳政令などを行ったということになるのです。

大きな勢力に挟まれた国人《こくじん》領主の苦難は一般的なものだったでしょう。後に天下人《てんかびと》となる徳川家康も、織田家に囚《とら》われたり、今川家に人質になったりするなど、苦難の幼少期を送っています。

それでも、松平家や井伊家といった有力な国人領主の嫡家《ちゃくけ》（嫡流の家）には、一門諸家があり、譜代《ふだい》の家臣もいて、家が断絶しそうになっても何とか存続させています。下剋上《げこくじょう》の時代とは言え、嫡家と一門や譜代の家臣は運命共同体であり、お互いに支え合っていたことがわかります。

古戦場から見えてくること

戦国時代に興味を持っている人なら、古戦場を歩いてみることをお薦めします。浜松城主だった徳川家康が、武田信玄《しんげん》に挑《いど》んだ三方原《みかたがはら》の戦いは、浜名湖の東岸にある台地で行われました。井伊谷から浜松方面に南下した場所にあります。

すでに宅地化が進んでいる場所なので、当時の姿を想像するのは難しいのですが、三方原町の霊園の駐車場の一角に、「三方原古戦場の碑」があります。揮毫《きごう》しているのは、徳川宗家第十八代当主の徳川恒孝《つねなり》氏なので、最近建てられたものですが、かなり広い台地だったことがわかります。

この三方原から浜松城への道は、長い下り坂です。家康は、浜松城を素通りしようとしている武田軍を、上り坂を上がって追いかけました。すると武田軍は、突然反転して足軽《あしがる》の石《いし》礫《つぶて》で徳川軍を攻撃します。台地を上っていく徳川軍にとってはたまったものではなかったでしょう。武田軍に散々に攻撃された徳川軍は大損害を受け、家康は馬を駆って浜松城に逃げ帰ります。

現地に行って地形を見れば、こうした戦いの様子もよくわかります。意外だったのは、三方原と浜松城の距離があまり遠くないことでした。なぜ武田軍は、三方原の戦いの後、浜松城を攻撃しなかったのか、疑問に思いました。こうした疑問を手がかりに、この時の遠征の信玄の意図を推測することもできるかもしれません。

古戦場では、織田信長が三千挺《ちょう》（千挺とも）の鉄砲を巧《たく》みに使って武田勝頼《かつより》の誇る騎馬武《きばむ》者《しゃ》たちを撃破した長篠《ながしの》の戦いの設楽原《したらがはら》古戦場も興味深い場所です。

この戦いは、武田軍が徳川家康方の長篠城を攻め、救援に向かった織田・徳川連合軍が近くの設楽原（『信長公記《しんちょうこうき》』では「あるみ原」）で向かってくる武田軍を打ち破ったため、長篠設楽原の戦いとも呼びます。周辺には設楽原歴史資料館があり、戦いの様子が展示されていますし、長篠城址はなかなか良い感じで残っており、長篠城址史跡保存館もあります。

織田・徳川連合軍と武田軍が激突した設楽原には、信長が築かせた馬防柵《ばぼうさく》が一部再現されています。現地を見ると、ずいぶん認識が変わります。「設楽原」という名前から想像するよりもはるかに狭く、起伏に富んでいるのです。そして馬防柵の十メートルほど手前には、連吾川《れんご》という小さな川があります。鉄砲の射撃が間断なく続く中、馬で馬防柵までたどりつくのはけっこう大変だったはずです。勝頼は、前日、設楽原が見渡せる才ノ神《さいのかみ》に本陣を置き、馬防柵を見て、敵は「一段逼迫之躰《いちだんひっぱくのてい》」（萎縮《いしゅく》している）と書状に書いています。

しかもこの戦いは、午前十一時頃の武田軍の総攻撃に始まり、午後二時頃まで三時間にわたって行われているので、武田の騎馬武者たちが、信長が築いた馬防柵を打ち破るため、戦いにかなり工夫《くふう》をこらしていたこともわかります。無防備に騎馬で突撃して、ばたばたと撃ち倒されたわけではなさそうです。

現地に行く前に、合戦について書かれた歴史書を読んでおくといいでしょう。戦国時代の合戦史を研究している藤本正行氏の著書はずいぶん参考になります。長篠の合戦なら、『長篠の戦い――信長の勝因・勝頼の敗因』（洋泉社歴史新書y）があります。

長篠の戦いで信長が使った鉄砲の数は、『信長公記』の原本・写本で千挺というのもあり、三千挺というのもあって、結論が出ていません。また、鉄砲隊を三列にして交代で撃たせることで、弾込《たま》めの時間を短くしたと言われていますが、これも現在では否定されています。長篠の戦いについては、平山優《ゆう》氏の『検証　長篠合戦』（吉川弘文館）と藤本氏の『再検証長篠の戦い』（洋泉社）で論争が行われており、それらを参考に自分なりの説を考えるのも、おもしろいかもしれません。

5　切絵図で歩く江戸の町

東京に江戸を発見する

東京には、江戸の遺跡がたくさんあります。一カ所だけではなく、何カ所か回れるコースを考えるのも愉しいものです。初心者向けにお薦めのコースを紹介しておきましょう。

まず、都営三田線の御成門《おなりもん》駅で降り、日比谷《ひびや》通りを南に歩くと、右手に古い門があります。これは徳川七代将軍家継《いえつぐ》の廟所《びょうしょ》へ入る門で、二天門と言います。家継までは、各将軍に独立した廟所が建築されていたのです。

それから増上寺に入って見学します。増上寺の敷地は、江戸時代は現在の東京タワーまで含む広大なものでした。そして、その中には土産物屋がたくさんあり、観光客でごったがえしていました。現在では、歴代将軍の墓が一カ所にまとめて改葬されており、毎年公開日が設けられています。

増上寺の山門から南に少し歩くと、二代将軍秀忠《ひでただ》の廟所の山門があります。秀忠のもと廟所には、現在、ザ・プリンス パークタワー東京が建っています。

ここから少し歩くと、第一京浜に合流します。現在、三菱自動車の本社ビルは薩摩藩蔵屋敷跡で、ここで勝海舟《かつかいしゅう》と西郷隆盛《たかもり》が対談し、江戸城の無血開城が決まりました。ちなみに薩摩藩主が住んだ屋敷（中屋敷）は、現在NEC本社ビルが建っている場所です。

第一京浜は、かつての東海道です。JR田町駅を少しすぎた所の交差点、札の辻《ふだのつじ》は、幕府法令である高札《こうさつ》が立てられていた場所で、北に少し行くと、秀忠が多くのキリシタンを火刑にした「元和大殉教《げんなだいじゅんきょう》」の跡地があります。碑が建っているので、それを目印にしてくださ

東京の江戸発見ルートMAP

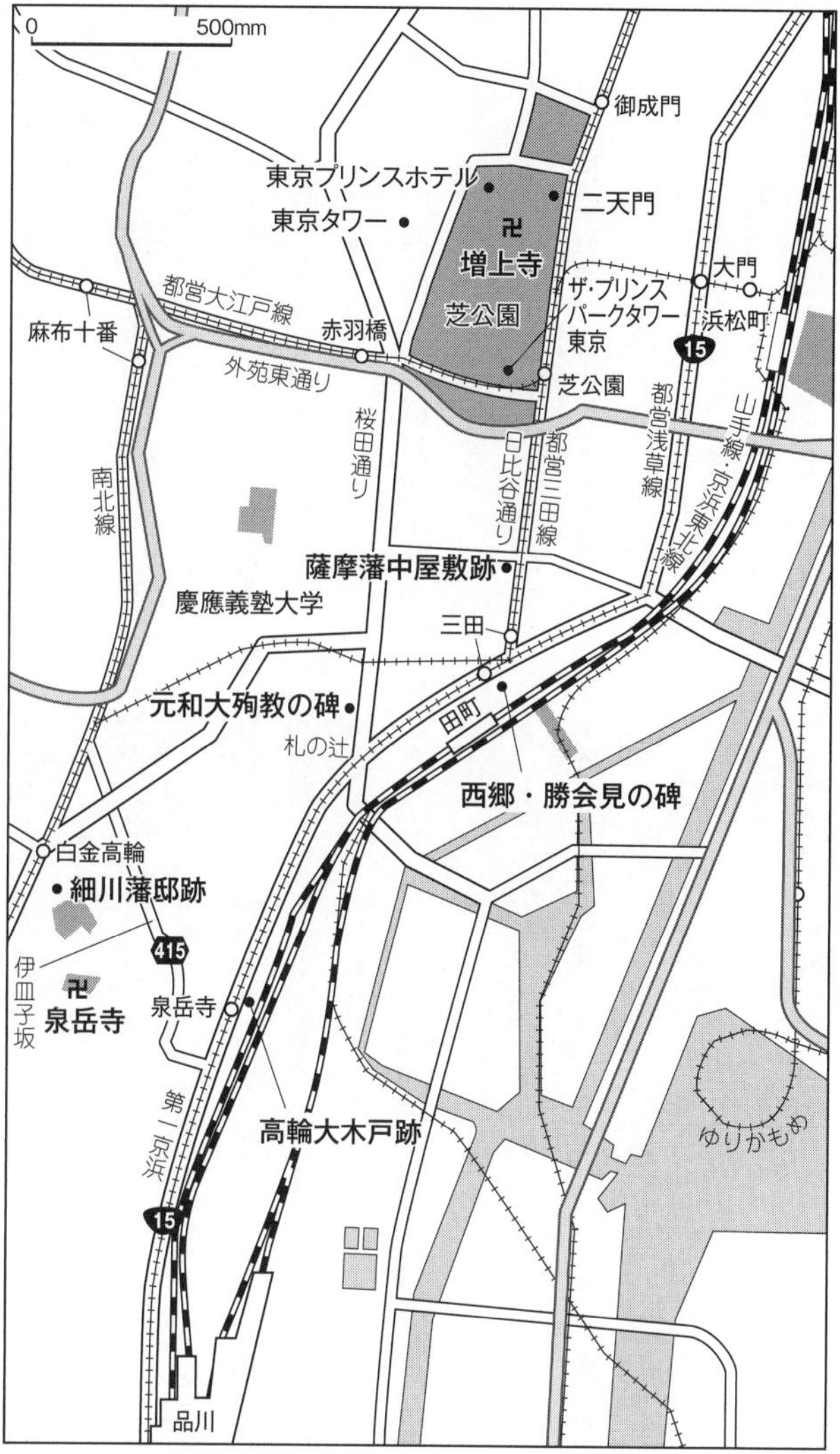

い。こうした処刑は、町の境界で行われるのが一般的ですので、秀忠の時期は、ここが江戸の外《はず》れだったことがわかります。

さて、第一京浜を歩いていくと、両側に石垣があります。ここが江戸の境で、高輪大木戸《たかなわおおきど》があったところです。もう少し歩くと右側に赤穂義士《あこうぎし》の墓所がある泉岳寺《せんがくじ》があります。ここで義士たちの墓を参拝します。泉岳寺の脇の伊皿子坂《いさらござか》（潮見坂《しおみざか》）を上ると、細川藩邸跡があり、大石内蔵助《くらのすけ》たちが切腹した庭の跡が「忠烈の跡」として残されています。これで半日ほどのコースになります。

第一京浜の両側は、今はビルが建ち並んでいますが、江戸時代は東側はすぐ海で、潮干狩《しおひが》りなどで賑わっていたようです。

体力があれば、京浜急行の北品川駅まで歩き、品川宿《じゆく》の雰囲気を味わうのもいいでしょう。品川宿は有名な岡場所《おかばしょ》でもあり、江戸の人がよく遊びに来ていました。そのため、高輪大木戸で江戸の町が終わるにもかかわらず、品川まで町屋が建ち並ぶようになりました。

切絵図の歴史

東京の街に江戸を感じるために有効なのは、歩く時、切絵図を持参することです。現在は、切絵図と現代の地図を対照して掲載している本もありますし、切絵図の復刻本もあります。また、専門の古本屋やインターネットのオークションで、本物の切絵図を手に入れることができます。私も本物の切絵図を三十六種持っていますが、これも古本屋やオークションで入手したものです。拙著《せっちょ》『決定版　江戸散歩』（角川書店）に載《の》せていますので、参照してください。

切絵図は色刷りの木版で、色分けについては切絵図そのものに凡例《はんれい》が載っています。白は武家屋敷、グレーは町屋、赤は寺社で、道路は黄色、堀や川や海は青、緑は緑地です。大きな寺社などはイラストも載っています。

大名屋敷に紋《もん》がついているのは上《かみ》屋敷、■は中屋敷、●は下《しも》屋敷です。このマークがついている方に表門があります。大名屋敷の塀沿いに白抜きの小さな四角がありますが、これは辻番所《つじばんしょ》があることを示しています。

江戸の絵図は、戦国時代の簡略な絵図はありますが、都市図としては寛永九年（一六三二）に刊行された「武州《ぶしゅう》豊嶋《とし》郡《まごおり》江戸《えど》庄《のしょう》図」が最初です。これは、大判の一枚の紙に江戸全体を表しており、たいへんよくできています。

切絵図の発祥としては、寛文《かんぶん》十年（一六七〇）に民間から遠近道印《おちこちどういん》の作として刊行された絵図があります。これは、江戸を五枚の絵図に分割したもので、一枚目が「新板江戸大絵図」、二枚目から五枚目が「新板江戸外絵図」と題されています。方位や縮尺の精度が高く、現在でも高く評価されているものです。

明和《めいわ》には吉文字屋《きちもんじや》板、文政頃には須原屋《すはらや》板が刊行され、嘉永《かえい》から尾張屋《おわりや》板、近吾堂《きんごどう》板、平野屋板など、現在知られているような切絵図が刊行されます。

現在、最もよく目にする切絵図は尾張屋板で、近吾堂板に一年遅れた嘉永二年（一八四九）に刊行が始まり、次第に範囲を広げ、刊行済みのものは改訂しながら、三十一枚が刊行されています。

絵図の大きさは収録の範囲によってまちまちですが、すべて縦一六・五センチメートル、横九センチメートルに折りたたまれ、表裏に青の薄紙で覆《おお》った厚紙をあて、表の中央に題簽《だいせん》（題名を記した縦長の紙片）を貼り、紙の封筒に入れて売り出されました。値段は一折百二十四文《もん》。現在で言えば三千百円で、それなりに高価なものでした。

切絵図を持って東京を歩くと、江戸の町人地は現在でも小さな雑居ビルなどが並ぶ街になり、大名屋敷は政府諸機関や大企業の大きなビルが建っていることに気づきます。江戸の記憶は、現在の土地割りに色濃く残っているのです。

まずは上野の探索から

それでは、切絵図を持って、上野を歩いてみましょう。上野地域は「東都下谷《したや》絵図」と題されています。

その中心は、徳川家の菩提寺の一つである寛永寺で、下谷広小路《ひろこうじ》から三橋《みはし》を渡り、不忍《しのばずの》池《いけ》を左手に見ながら黒門に至ります。黒門を入ってしばらく行くと吉祥閣《きっしょうかく》という建物があり、さらに行くと文殊楼《もんじゅろう》、そして中堂《ちゅうどう》があります。この中堂が寛永寺の中心的な建物で、現在、大噴水がある場所に建っていました。これらの建物は今は失われていますが、切絵図にイラストが載っているので、往事をしのぶことができます。

中堂の裏手には、御本坊《ごほんぼう》があります。現在は東京国立博物館になっています。

江戸時代の大寺院は、こうした中心的な建物の周辺に多くの子院があります。寛永寺には、絵図に本覚院《ほんがくいん》、凌雲院《りょううんいん》、寒松院《かんしょういん》、など三十六の子院があります。このうち、御本坊の西にある大慈院が、鳥羽《とば》・伏見の戦いの最中、大坂城から逃げ帰った徳川慶喜が謹慎した場所で、現在の寛永寺の中心です。

本坊の裏手には、緑で塗られた中に「御霊屋」があります。これは、四代将軍家綱《いえつな》、五代将軍綱吉《つなよし》、八代将軍吉宗《よしむね》などのお墓があるところです。現在、御霊屋に至る門とお墓が残っており、寛永寺では見学者のために公開日を設けています。

寛永寺は、元和八年（一六二二）、二代将軍秀忠が、上野の台地を天海《てんかい》に寄進し、普請が始まりました。三代将軍家光の時代にも普請は続き、寛永二年（一六二五）に本坊が完成しました。後水尾天皇から年号を使うことが許され、勅額《ちょくがく》も下賜されました。

現在も残っている建物としては、上野東照宮があります。絵図では「御宮《おみや》」と書かれています。これは、伊勢《いせ》の津藩藩主の藤堂高虎《とうどうたかとら》が家康の遺言によって寛永四年に創建したもので、現在でも黒漆《くろうるし》塗《ぬ》りの立派な社殿が残り、公開されています。

その近くには、時の鐘があり、江戸に時刻を知らせる役割を担っていました。深川に住んでいた松尾芭蕉《ばしょう》は、「花の雲　鐘は上野か　浅草か」という俳句を詠《よ》んでいます。

寛永寺は、正確には東叡山《とうえいざん》寛永寺と言います。つまり東の比叡山《ひえいざん》ということで、天海は、寛永寺を京都に模して造っています。黒門の近くには清水寺を模した清水観音堂を建て、不忍池は琵琶湖《びわこ》に見立てています。

不忍池に浮かぶ弁天島は、琵琶湖に浮かぶ竹生島《ちくぶしま》を模して築かれた島で弁財天が祀《まつ》られています。歌川（安藤）広重《ひろしげ》が「東都名所」の中で清水観音堂の円を描いた松の枝の間から弁天島を望む景色を描いていますが、これは現在復元され、見ることができます。

下谷広小路に沿った地域は、町屋が並んでいます。現在の松坂屋デパートがある広小路沿いとアメ横のある道筋は、当時から商店街のような町だったのです。

この周辺は、寺と旗本屋敷です。大名屋敷は、筑後柳河藩《ちくごやながわ》の立花飛驒守《ひだのかみ》の屋敷があるぐらいです。東に向かえば浅草寺《せんそうじ》がありますが、その道筋にも多くの寺院があります。

現在の地図と見比べてみますと、「山下ト云《いう》」と書かれた広小路から普門院、常照院、顕《けん》性院《しょういん》と続く寛永寺の子院の地が潰《つぶ》されて上野駅になっていることがわかります。

上野を舞台とした彰義隊の戦い

上野では、戊辰《ぼしん》戦争の中で新政府軍と旧幕府の旗本が結成した彰義隊《しょうぎたい》との間で激烈な戦いがありました。

幕末の動乱の中で、主体的な働きはあまりなかった一般の旗本たちですが、徳川慶喜が寛永寺に謹慎すると、新政府軍に対抗するため彰義隊を結成します。結成式は浅草の東本願寺で行われ、寛永寺に拠点を移します。

慶応四年（一八六八）三月十三日、慶喜から終戦処理を任された勝海舟は、三田《みた》の薩摩藩蔵屋敷で新政府軍参謀の西郷隆盛と会談し、江戸城の無血開城に合意します。しかし彰義隊は、勝の解散命令にも従わず、寛永寺に立てこもります。

新政府軍は、長州藩士・大村益次郎《ますじろう》に彰義隊討伐の任を与えます。大村は、西郷と会談し、最大の激戦が予想される黒門口に薩摩藩兵を向かわせることにします。

戦いの火ぶたが切られると、薩摩・熊本藩の藩兵五百が黒門口に攻め掛かり、鉄砲の応酬の後、斬り合いが展開されました。

現在、東大病院がある本郷台に布陣した佐賀藩兵は、国産のアームストロング砲で寛永寺を砲撃し、彰義隊に壊滅的な打撃を与えます。この砲撃のため、吉祥閣、文殊楼、中堂などは焼失しました。戦意を失った彰義隊士は敗走しました。

彰義隊の戦死者は百五名、新政府軍の戦死者も五十六名にのぼりました。彰義隊の戦死者の遺体は放置されていましたが、円通寺の仏磨《ぶつま》和尚らによって荼毘《だび》にふされました。その場所には、現在は「戦死之墓」と刻まれた墓石が建っています。

黒門は、のち三ノ輪《みのわ》の円通寺に移され、現存しています。数多くの弾痕《だんこん》が残り、戦闘の激しさがしのばれます。

寛永寺跡地は、明治六年（一八七三）に東京府公園に指定されます。同八年には、不忍池も公園に編入されました。同九年には、上野公園が東京府から内務省博物局に移管され、博物館所属の公園地となります。

同十年には、国立科学博物館の前身である教育博物館が現在の東京藝術大学の地に竣工しました。また、上野公園で、第一回内国勧業博覧会が開催されます。明治十四年には、第二回内国勧業博覧会が開催され、この時、博覧会終了後は内山下町（東京都千代田区内幸町）にあった博物館を移転することを前提として煉瓦造《れんがづくり》二階建の建物が建設されます。そして同十五年、上野公園に博物館と付属動物園が開館しました。

6　幕府の製鉄所から発展した横須賀

横須賀の町を散策する

横須賀《よこすか》と聞けば、米軍基地をイメージします。行ったことがある人は、日露戦争で活躍した日本海軍の戦艦三笠《みかさ》や海軍カレー、どぶ板通りなどを思い出すでしょう。現在は、アメリカの基地の町という印象が強いのですが、もとをただせば幕末に横須賀製鉄所が建設された、日本の近代工業発祥の地でした。

ＪＲ横須賀線の横須賀駅で降りると、入り江が広がり、アメリカ海軍の基地があります。この場所こそ、横須賀製鉄所が建設された地でした。

現在、「製鉄所」というと、高炉《こうろ》がある鉄を生産する施設ですが、当時の用語では鉄を成形して船を修理したり造ったりする「造船所」のことでした。

駅のすぐ前には、横須賀製鉄所の建設を指導したフランス人技師ヴェルニーを記念したヴェルニー記念館が建っています。この建物は、フランスのブルターニュ地方の住宅の特徴を取り入れたものです。

ヴェルニー記念館には、一八六五年（慶応元）にオランダで製造され、翌年輸入された巨大なスチームハンマー二基が展示されています。スチームハンマーとは、蒸気の動力でハンマーを持ち上げ、落下させて加熱した鉄などを鍛造・成形する工作機械です。ハンマーの重量が三トンのものと〇・五トンのものがあります。これらの機械は、二十世紀の最後まで稼働していました。

周囲はヴェルニーの本国であるフランス式の公園になっており、戦艦「陸奥《むつ》」の主砲が展示されています。

横須賀散策MAP

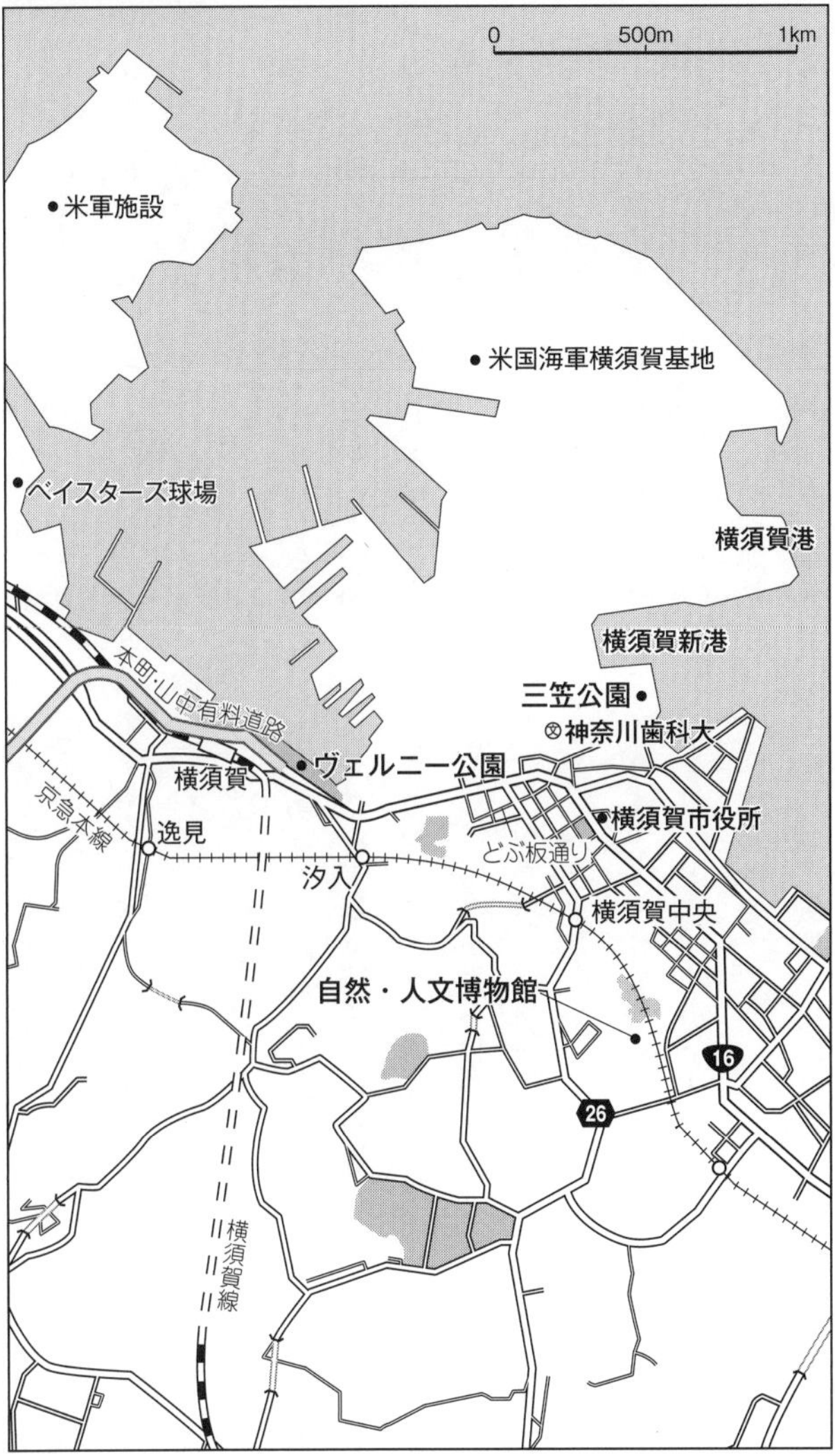

0
500m
1km
米軍施設
米国海軍横須賀基地
ベイスターズ球場
横須賀港
横須賀新港
三笠公園
神奈川歯科大
本町・山中有料道路
ヴェルニー公園
横須賀
横須賀市役所
京急本線
逸見
汐入
どぶ板通り
横須賀中央
自然・人文博物館
16
26
横須賀線

陸奥は、世界初の十六インチ砲を搭載した戦艦「長門《ながと》」型二番艦として大正十年（一九二一）に横須賀海軍工廠《こうしょう》（もとの横須賀製鉄所）で建造されました。連合艦隊の旗艦でしたが、昭和十八年（一九四三）、瀬戸内海の柱島《はしらじま》沖で火薬庫が爆発して沈没しました。昭和四十五年、陸奥が引き揚げられ、収容された主砲は船の科学館（東京都）に展示されていましたが、平成二十八年（二〇一六）にヴェルニー公園に移設されました。

ヴェルニー公園から米軍基地を望むと、アメリカ海軍の艦船が停泊しています。そこが、横須賀製鉄所跡です。ヴェルニー公園の近くから発着する軍港めぐりの観光船に乗れば、アメリカ海軍の艦船や海上自衛隊の艦船を解説付きで見ることができます。

横須賀では、三笠公園に展示されている戦艦三笠もぜひ見たいところです。一九〇二年（明治三十五）にイギリスで建造された戦艦で、日露戦争では東郷平八郎《とうごうへいはちろう》司令長官が乗艦する連合艦隊の旗艦でした。

ＪＲ横須賀駅からだと徒歩で三十分ほどかかります。三笠を初めて見た時の印象は、当たり前ですが、明治時代の戦艦は昭和の戦艦大和などに比べればかなり小さいというものでした。日露戦争では、こうした船で海戦を行っていたわけです。

考えてみれば、ペリーが浦賀に来航した時の艦船は蒸気船二隻《せき》に帆船《はんせん》二隻で、もっと小さなものだったわけですが、幕府も江戸の庶民も、ペリー艦隊が江戸湾に出現すると大いに驚いて、結局は幕府が倒れることになったのです。

現在の横須賀の町の中心は京浜急行の横須賀中央駅ですが、このあたりは横須賀製鉄所の職員らが住むようになって発展した町です。

「横須賀製鉄所」の建設

横須賀は、幕末までは漁村でした。ここに製鉄所建設が決定されたのは、元治二年（一八六五年、四月七日に慶応と改元）でした。

江戸幕府が製鉄所建設を思い立った端緒は、日米修好通商条約が締結され、条約批准《ひじゅん》のためにアメリカに使節団が派遣された万延《まんえん》元年（一八六〇）のことでした。使節団は、正使新見正興《しんみまさおき》、副使村垣範正《むらがきのりまさ》で、目付《めつけ》として小栗上野介忠順《おぐりこうずけのすけただまさ》が付いていきました。

勝海舟が咸臨丸《かんりんまる》で太平洋を横断したのは、この使節に随行《ずいこう》したものでした。日本人が初めて単独で太平洋を横断したとも言われますが、実際にはアメリカ士官のブルック大尉が同乗しており、その指導が大きかったようです。勝は船酔いがひどく、船室に籠《こ》もりきりでした。

アメリカに着き、首都ワシントンを訪れた使節団は、海軍造船所を視察しました。使節団は、アメリカの先進技術に触れ、日本の近代化には造船所をはじめとする工業力の強化が不可欠だという思いを強く持ちます。

使節団が帰国すると、幕府では優秀な人材をアメリカに留学させ、また日本でも造船所を建設する計画を立てました。

ところがアメリカでは、一八六一年に南北戦争が始まり、日本の留学生の指導どころではなくなります。そのため留学先がオランダに変更になります。文久二年（一八六二）、榎本《えのもと》武揚《たけあき》・赤松則良《のりよし》らがオランダに派遣されました。

造船所建設は、はじめ江戸の石川島を候補地としていました。ところが、造船所建設の委託先がフランスに変更になり、フランス人技師ヴェルニーが派遣されてきます。ヴェルニーは、二十八歳の新進気鋭の技術者でした。彼は江戸や横浜近郊を視察して回り、水深の深い入り江がある横須賀村を最適地だとします。こうして建設されたのが「横須賀製鉄所」です。フランス側では、「Arsenal de Yokosuka（横須賀海軍工廠）」と呼びました。

横須賀製鉄所では、船の修理や製造を行うドライドックを建設するにあたって、海面を埋め立てるつもりでした。しかしヴェルニーは、それでは地盤が弱く耐震性に問題があると考え、幕府と相談し、また耐震対策をフランス政府に依頼した結果、半島を切り崩して、岩盤を掘り込んで建設することにしました。

この工事中に発見されたのがナウマン象の化石でした。これによって、旧石器時代の日本に小型のマンモスであるナウマン象がいたことがわかったのです。命名の由来は、動物学者のナウマンが新種の象として世界に発表したことによります。横須賀市自然・人文博物館には、ナウマン象の化石が展示されています。

小栗上野介という人物

横須賀製鉄所建設には、莫大な費用がかかります。しかし、当時勘定奉行《かんじょうぶぎょう》になっていた小栗は、必須の造船所であれば、ほかの冗費《じょうひ》を削る口実ができるし、少なくとも「土蔵附売家の栄誉」を残すだろうと答えたといいます。

実際に製鉄所建設を決断したのは、老中の水野忠精《ただきよ》であり、小栗は製鉄所設立御用を命じられ、製鉄所建設は大きく前進します。慶応元年（一八六五）十一月、鍬入《くわい》れ式が行われ、翌年六月、ナポレオン三世の許可書を持ったヴェルニーが正式に赴任《ふにん》します。

戊辰戦争中も工事は続けられていましたが、慶応四年閏四月一日、横須賀製鉄所は旧幕府から新政府に引き渡されました。横須賀製鉄所のヴェルニーら三十三名と横浜製鉄所の十二名は、引き続き新政府に雇われ、工事を継続しました。

大型船の修理を行うための一号ドックが完成したのは、明治四年（一八七一）二月のことで、着工から五年の歳月がたっていました。この年、横須賀製鉄所は横須賀造船所と改称されました。幕府はすでに倒れていましたが、小栗の予言通り、製鉄所は新政府にとって貴重な「土蔵」となったのです。

小栗は、当時、勘定奉行のほか陸軍奉行も兼帯していました。鳥羽・伏見の戦いで江戸に逃げ帰ってきた十五代将軍慶喜に対し、徹底抗戦を説きますが、慶喜の徹底恭順の気持ちとはかけはなれており、罷免《ひめん》されます。しかし、幕府艦隊が東海道を進軍する新政府軍を攻撃し、箱根で小栗が育てた新式の幕府歩兵隊が食い止めれば、確かに江戸を防衛することができたように思います。

小栗家は、三河《みかわ》以来徳川家に仕えてきた旗本で、二千五百石の大身《たいしん》でした。小栗の父忠高《ただたか》は、老中松平定信の時代に能吏《のうり》として活躍した中川忠英《ただてる》の四男で、小栗家に婿養子に入り、新潟奉行まで務めました。小栗の能力は祖父の中川忠英譲りで、新政府軍との徹底抗戦を主張した幕府への忠誠心は三河以来の旗本であるという自負によるものだったでしょう。

逆賊からの復権

小栗は、罷免後、土着願いを出して知行所《ちぎょうしょ》の上州権田《ごんだ》村に引退します。権田村では、暴徒二千人を撃退したりもしています。

進軍してきた新政府軍の東山道軍は、幕府要人だった小栗が上州におり、暴徒を撃退したことを知り、新政府軍への抵抗だと考え、追討令を出します。捕えられた小栗は何の取り調べもなく、閏四月六日、園部藩士原保太郎《やすたろう》の命によって斬首《ざんしゅ》されました。

まったくの言いがかりでしたが、これによって小栗は逆賊ということになりました。のちに福沢諭吉《ゆきち》が、新政府で高位高官にのぼった勝海舟と榎本武揚を「瘦《や》せ我慢の説」という文章で批判した際、特に念頭にあったのは非業《ひごう》の死を遂げた小栗であったと思われます。幕府の使節である小栗と随行者にすぎない福沢ではまったく身分が違いましたが、ともにアメリカに行った経験があり、福沢は小栗に同情的だったと思います。

大正元年（一九一二）、日露戦争の日本海海戦の勝利で英雄となった東郷平八郎は、小栗家の遺族を自宅に招き、先の勝利は小栗上野介殿が横須賀造船所を建設しておいてくれたからだと感謝の意を伝え、「仁義禮智信《じんぎれいちしん》」と揮毫《きごう》した書を贈りました。これによって、小栗の復権が始まりました。

大正四年には、横須賀海軍工廠創立五十年祝典が行われ、大隈重信《おおくましげのぶ》首相の代理が挨拶《あいさつ》で小栗の功績を讃え、小冊子『小栗上野介末路事蹟』も配布されました。

このため、海軍工廠の職工の間から小栗とヴェルニーの胸像を設立する声が起こり、市をあげての運動に発展しました。その中で、貞明《ていめい》皇后も御手許金《おてもときん》二百円を下賜し、大正十一年九月二十七日、諏訪公園で小栗とヴェルニーの胸像の除幕式が行われました。

小栗とヴェルニーの胸像は、第二次大戦中の供出で失われました。横須賀市では、代わりに型どりしたセメント像を造って据えていましたが、新しく内藤春治東京藝術大学教授が小栗上野介とヴェルニーの像を制作し、昭和二十七年（一九五二）九月二十七日、除幕式が行われました。現在のヴェルニー公園に据えられている胸像で、台座だけは最初からのものです。

セメント像は、小栗上野介の墓がある群馬県の東善寺の前住職村上泰賢《たいけん》氏の働きかけによって東善寺に贈られ、境内の前に据えられています。小栗は、胸像になってからも受難の道を歩んだわけです。こうした胸像の歴史を知ると、単なる胸像でも見方が変わってきます。

7 洋館をめぐって日本近代史を学ぶ

近衛師団司令部だった工芸館

明治から昭和にかけての東京の歴史を学ぶ時、現在も残る洋館をめぐってみると、歴史が身近に感じられます。

有名な洋館には、目黒の朝香宮《あさかのみや》邸（東京都庭園美術館）、駒場の前田公爵《こうしゃく》邸、湯島の岩崎邸、牛込《うしごめ》の小笠原伯爵《はくしゃく》邸、麴町《こうじまち》の李《り》王家邸、王子の古河《ふるかわ》邸などが現存しており、小笠原伯爵邸や李王家邸はレストランとして使われています。そのほか、清泉《せいせん》女子大学には旧島津公爵邸がありますが、見学するには事前の申請が必要です。

ここでは初心者向けとして、明治に建てられた建築に絞り、効率よく一日で回れる三つの建物を紹介していきます。

まずは、東京メトロ竹橋駅から歩いて十分ほどの東京国立近代美術館工芸館に行きます。この煉瓦造り二階建ての重厚な建物は、もとは明治四十三年（一九一〇）三月に竣工した近《この》衛《え》師団司令部庁舎です。近衛師団は、天皇および宮城《きゅうじょう》の警備にあたった部隊で、その司令部は宮城の乾門《いぬい》に隣接する場所にあったのです。

設計は、陸軍技師の田村鎮《やすし》と推定されています。小屋組みは木造で、壁が煉瓦でフランス積み（フランドル積み、煉瓦の横長部分と小口《こぐち》部分を交互に並べて積む方式）で造られていました。現在の外壁は、それを再現したものです。

正面から見ると、中央の玄関部と両翼《りょうよく》部が突出しています。内部は真ん中に廊下があり、両側に部屋が配置されていました。終戦頃の近衛第一師団司令部は、一階右翼が参謀《さんぼう》部事務室・経理部など、左翼が師団長室・参謀長室・副官室やその事務室、会議室など、二階右翼は会議室、参謀居室、中央に応接室、左翼に師団長・副官・参謀長・参謀居室がありました。近衛師団長室は左翼前部の一階で、その二階部分は師団長居室でした。

終戦前夜の陸軍

この建物では、映画『日本のいちばん長い日』でよく知られることになった陸軍省軍務課の椎崎《しいざき》二郎中佐、畑中《はたなか》健二少佐らによるクーデター未遂《みすい》事件がありました。終戦前日の昭和二十年（一九四五）八月十四日から十五日朝にかけてのことです。原作は、半藤一利《かずとし》氏の同

東京洋館めぐりMAP

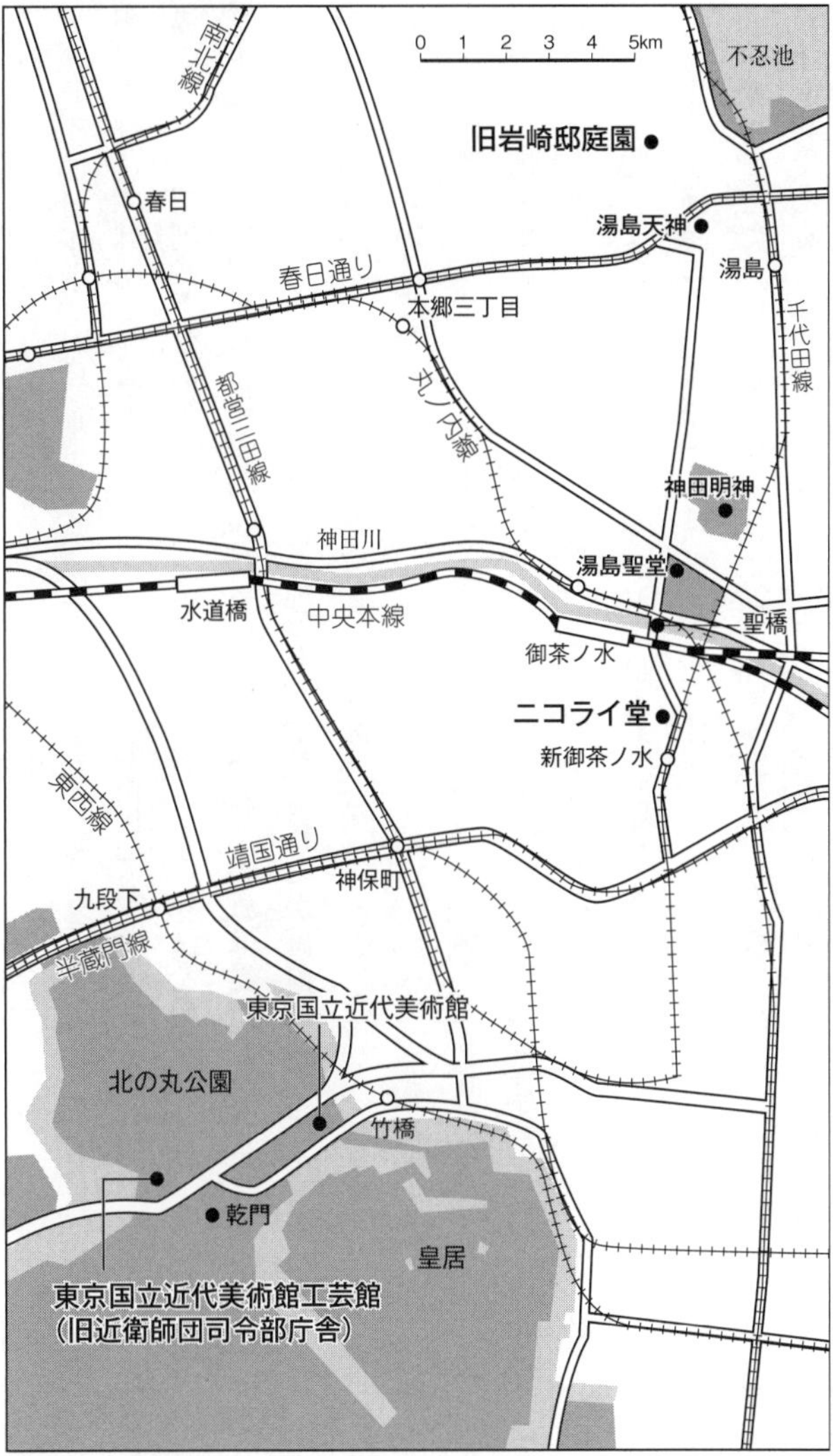
0 1 2 3 4 5km
不忍池
旧岩崎邸庭園
南北線
春日
湯島天神
湯島
春日通り
本郷三丁目
千代田線
都営三田線
丸ノ内線
神田明神
神田川
湯島聖堂
水道橋
中央本線
聖橋
御茶ノ水
ニコライ堂
新御茶ノ水
東西線
靖国通り
神保町
九段下
半蔵門線
東京国立近代美術館
北の丸公園
竹橋
乾門
皇居
東京国立近代美術館工芸館
（旧近衛師団司令部庁舎）

名のノンフィクションです。

八月十四日午前、皇居地下の会議室で御前会議がありました。出席者は、鈴木貫太郎《かんたろう》首相、東郷茂徳《しげのり》外相、阿南惟幾《あなみこれちか》陸相《りくしょう》、米内光政《よないみつまさ》海相以下の閣僚、枢密院《すうみついん》議長、梅津美治郎《よしじろう》参謀総長、豊田副武《そえむ》軍令部総長らで、東郷外相のポツダム宣言受諾案に対し、軍部が受諾反対を主張したため、鈴木首相が昭和天皇に決断を委《ゆだ》ね、天皇は受諾を決定しました。

十二時過ぎ、阿南陸相が陸軍省に帰ると、少壮将校らが御前会議の決定を訊《たず》ねました。阿南は聖断が下った旨を伝えます。すると、突然、畑中少佐が号泣《ごうきゅう》し、泣き終えると部屋から飛び出していきました。

阿南陸相は、午後三時に陸軍省に課員を招集し、聖断に従うよう訓示します。

一方、畑中少佐は、午後三時過ぎ、第一生命ビルにあった東部軍管区司令部に行き、田中静壹《しずいち》東部軍管区司令官に面会して蹶起《けっき》を促すよう説得するつもりでしたが、司令官室に入るなり、「俺のところへなにしに来た」と一喝《いっかつ》されて帰っていきます。

陸軍省軍務課の井田正孝《まさたか》中佐は、敗戦の責任をとって、全将校が自決すべきだと考えていました。そこに畑中少佐が来て、近衛師団を動かし、天皇に直諫《ちょっかん》し、ポツダム宣言受諾の撤回を実現するつもりであることを打ち明けました。井田中佐は、後輩の畑中少佐の純粋な国体《こくたい》護持の信念に感銘を受け、森赳《たけし》近衛師団長（中将）の説得にあたることを了承しました。

近衛師団は、第一連隊と第二連隊があり、十四日、十五日は第二連隊が宮城警備の担当で、所属の三個大隊が交代で宮城内を警備していました。この日は、第一大隊が宮城内に入っていましたが、第三大隊も宮城内に入り、連隊長芳賀豊次郎《はがとよじろう》大佐が直接指揮にあたることになりました。

この日夜、天皇は、明日放送されることになる玉音《ぎょくおん》放送の録音を行いました。録音盤は、放送局に持っていくと不慮《ふりょ》の事故があるかもしれないということで、徳川義寛《よしひろ》侍従《じじゅう》が預かりました。

十五日零《れい》時過ぎ、森師団長が司令部に戻ってきました。井田中佐は、森師団長に面会を願い、国体護持の危機を訴え、蹶起を要請しました。森師団長は、聖断が下った以上は、陛下の命に従うのが近衛師団の本分だとして議論は平行線でしたが、最後に井田中佐をなだめるつもりか、明治神宮に参拝して決断を授かると言いました。

畑中少佐は、考えを同じくする元近衛師団の窪田兼三《くぼたけんぞう》少佐とともに駿河台の宿舎に行き、阿南陸相の義弟で軍務課の竹下正彦中佐を訪ね、陸相に蹶起を要請するよう懇願《こんがん》しました。

陸相が自決するのではないかと思っていた竹下中佐は、とにかく陸相官邸に行くことを了承しました。

その後、畑中少佐らは、近衛師団に戻りました。そこには、畑中少佐に共鳴する航空士官学校第四区隊長の上原重太郎《しげたろう》大尉《たいい》もいました。

井田中佐は、森師団長の指示で、水谷一生《かずお》参謀長と相談するため、椎崎中佐を残して別室に行こうとするところでした。井田中佐は、畑中少佐を見てにっこり笑いました。畑中少佐は、森師団長の説得が成功したものと思ったようで、窪田少佐や上原大尉とともに師団長室に入っていきました。

畑中少佐ら、森師団長を殺害する

しかし、森師団長は、蹶起に同意していたわけではありません。おそらく部屋に入ってきた畑中少佐らを怒鳴りつけたのでしょう。畑中少佐は、拳銃《けんじゅう》で森師団長を撃ち、上原大尉が軍刀で惨殺しました。来客で森師団長の義弟であった第二総軍参謀の白石通教《みちのり》中佐がとっさに止めようとしましたが、窪田少佐が首に斬りつけました。

拳銃の音を聞いて井田中佐が師団長室に行くと、畑中少佐が出てきて、「時間がなくなったのです。……それでとうとうやった。……仕方がなかった」と詫《わ》びました。井田中佐が師団長室をのぞくと、森師団長と白石中佐の死体があり、椎崎中佐が呆然として椅子に腰かけていました。

動転した水谷参謀長は、井田中佐を促して東部軍に行こうとその場を逃亡しました。畑中少佐は、水谷参謀長が東部軍を説得してくれるものと思い、何も言いませんでした。しかし、水谷参謀長は、東部軍に行って森師団長が殺害されたことを報告した後、気を失いました。

畑中少佐らは、師団長・参謀長不在のため、参謀の古賀秀正《ひでまさ》少佐（東條英機《ひでき》大将の娘婿）を説得し、畑中少佐の計画に基づいて書かれた師団命令を下達《かたつ》させました。これによって近衛師団は、録音盤の捜索や内幸町《うちさいわいちょう》の放送会館の占拠《せんきょ》などを行うことになります。宮城を出ようとした下村宏情報局総裁や日本放送協会の大橋八郎会長以下の職員は、当番の近衛兵に拘束されます。

宮城内を制圧していた芳賀連隊長は、阿南陸相、森師団長が同意しているものと思っていましたが、どちらも来ないので、畑中少佐を問い詰めます。畑中少佐は明確には答えませんでしたが、そこに古賀参謀が戻ってきて師団長の死を告げ、連隊長は師団の指揮を執ってほしいと要請されました。

芳賀連隊長は、おおよその事情を察しました。一方、東部軍では、高嶋辰彦《たつひこ》参謀長（少将）が、根気強く宮城内の芳賀連隊長と連絡をとろうとしていました。そしてようやく電話が繋がりました。高嶋参謀長は、師団命令が偽《にせ》のものであることを伝え、近衛師団をまとめるよう命じます。電話を代わった畑中少佐は、高嶋参謀長に蹶起を要請しますが説得され、玉音放送の前に十分間だけ放送させてほしいと懇願しますが、「それが未練というものだ」と拒否されます。

芳賀連隊長は、畑中少佐らにここから即刻出ていくよう命じました。畑中少佐は、計画の失敗を悟り、絶望しながら放送会館に向かいました。

田中東部軍管区司令官は、近衛師団司令部に行き、師団参謀の石原少佐を憲兵に検挙させ、宮城内の芳賀連隊長には乾門で自分を迎えるよう命じました。こうして近衛師団は沈静化します。

クーデターの失敗

放送会館は、第一中隊によって占拠されていました。畑中少佐は、館野守男《たてのもりお》放送員に拳銃を突きつけ、自分に放送させるよう強要します。しかし、館野放送員は、「空襲警戒警報発令中に放送をするには東部軍管区に連絡する必要がある」とそれを拒絶しました。にらみ合いが続き、畑中少佐は懇願もしましたが、東部軍参謀から電話がかかってきて「あきらめろ」と説得されました。

畑中少佐と椎崎中佐は、玉音放送前、宮城前の二重橋と坂下門の間の松林の中の芝生《しばふ》で割腹《かっぷく》し、拳銃で自決しました。古賀参謀は、師団司令部に帰り、玉音放送が終わる頃、森師団長の遺体の前でやはり割腹して拳銃で自決しました。

阿南陸相は、陸相官邸で竹下中佐と井田中佐が見守る中、割腹自殺しました。遺書には、「一死以《もっ》テ大罪ヲ謝シ奉《たてまつ》ル」と書き、日付と「陸軍大臣　阿南惟幾」という署名がありました。「大罪」とはおそらく敗戦のことで、軍の代表者としてその責任を取るということでしょう。阿南個人にそれほどの罪があったとは思いませんが、事がここに至った陸軍の責任は、誰が自決しても償《つぐな》えないほどのものでした。

鈴木貫太郎首相は、終戦反対派の横浜警備隊長佐々木武雄大尉の率いる兵や横浜高等工業学校の学生に襲撃され、自宅を焼かれましたが、かろうじて逃れて無事でした。

この事件は、軍の組織的な行動ではなく、畑中少佐の激情に巻き込まれた数人の青年将校によるものでした。畑中にとって、国体護持が保証されないということは我慢のならないことだったのでしょう。しかし、すでに原爆が二発も投下され、ソ連が参戦しているのです。国体護持の保証を求めて本土決戦をしたとしても、事態はますます悪化するだけだったように思います。

軍人の中でも参謀になる者はエリートで、優秀な成績でないとなれないのですが、なぜそれがわからないのか理解できません。おそらく、陸軍の参謀たち幕僚《ばくりょう》を取り巻く雰囲気が、そのようなものだったのでしょう。

事の成り行きによっては終戦がさらに遅れたかもしれないわけで、日本の運命を左右する可能性のあった凄惨《せいさん》な事件が起こった舞台が、今は繊細な工芸品の展示館になっている、この建物だったのです。

現在、展示室として活用するため改修されている二階は、仕切りの壁が取り払われており、この建物に秘められた歴史を感じられる場所はないのですが、外壁に設置された通風孔に、旧陸軍の星型マーク「五芒星《ごぼうせい》」が鋳貫《いぬ》かれており、ここがかつて陸軍所属の近衛師団司令部だったことを示しています。

ニコライと東京復活大聖堂

工芸館から竹橋、神保町《じんぼうちょう》の古本屋街を通り東京メトロ新お茶ノ水駅方面に向かってしばらく行くと、ニコライ堂があります。緑青《ろくしょう》のドームが特徴のこの建物は、日本ハリストス正教会の大聖堂（正式名称は「東京復活大聖堂」）で、明治二十四年（一八九一）の建築です。関東大震災では鐘楼《しょうろう》が倒壊してドームを破壊するなどの大きな被害を受け、大修復が行われました。周囲に補強工事がなされていますが、それが新しいデザインとなっていて、建物の雰囲気を高めています。

駿河台の高台に建てられていたので、周囲に高いビルがない頃はたいへん目立つ建物でした。神田《かんだ》川の向こうには湯島《ゆしま》聖堂があり、ここに昭和二年（一九二七）に架けられた橋は、東京復活大聖堂と湯島聖堂をつなぐ橋ということで「聖橋《ひじりばし》」という名前が付けられました。

日本で正教会（ギリシャ正教）の布教を志《こころざ》した宣教師ニコライが、ロシア工科大学教授で建築家のミハイル・シチュールポフに原設計を依頼し、民間の建築設計事務所を開いていた元お雇い外国人のジョサイア・コンドルが実施設計を担当、建築工事は大工の棟梁《とうりょう》の長郷《ちょうごう》泰輔《たいすけ》が請負い、施工は清水組（現在の清水建設）が行いました。

大聖堂の中に入ると、カトリック教会のようなキリスト像はなく、正面や左右に正教会の十字架である「八端《はったん》十字」やイコン（キリスト・マリアや聖人たちの事績を描く絵画）が描かれています。正教会で「天国の窓」と呼んで大切にしているイコンを通じて、神に祈るのです。内陣には聖者ニコライの不朽体《ふきゅうたい》（カトリック教会で言う聖遺物）が置かれています。

ニコライの本名は、イワン・ドミートリエヴィチ・カサートキンで、神学大学生だった彼は、ロシア領事館付属聖堂の司祭募集を見て日本布教を志し、一八六〇年、司祭になりました。明治八年（一八七五）には、日本人司祭選立が提起され、以後日本人司祭が数多く誕生しています。

著者は、日本と国交を持つようになったロシアが、ロシア正教の布教の拠点として建設したのだと思っていたのですが、そうではなく、ニコライ堂の建設は、布教の情熱にかられた若いニコライの努力によるものでした。建設費の大半は、ロシアの正教徒の献金によるものです。ニコライは、あくまで東方教会の正教を布教しようとしていたのでした。

明治三十七年、日露戦争の開戦が不可避になった時、ニコライはロシアに帰りたいと思いました。もう二十三年以上も故郷に帰っていなかったからです。しかし、正教会のためを考えれば、帰るべきではないとも思いました。

そこでニコライは、聖職者、翻訳局員、各学校の長、書記たちを集め、「わたしは去るべきか否《いな》か。いずれをきみたちは望むか。いずれが教会にとって必要か」を考えるよう言いました。

聖職者たちは、東京在住の全教役者《きょうえきしゃ》（教職者）を集め、臨時集会を開くことにしました。四十五名の参加者は、全員がニコライが日本に留《とど》まることを望みました。そこでニコライは、日本に留まることを宣言しました。ニコライは、戦争が終わるまでは、みんなと一緒の聖体礼儀に加わることはしないことにしました。それを行ったなら、「祖国を裏切った人間」、「偽善者《ぎぜんしゃ》」などと言われる恐れがあったからです。そして、日本人聖職者たちにだけで聖体礼儀を行うようにと言い、祖国を愛するのは当然であるので、「あなたがたの天皇、その勝利などのために真心をこめて祈りなさい」と勧めました（『宣教師ニコライの全日記』第八巻、教文館）。日露戦争の裏には、日本と日本の信徒を愛するニコライのこんな苦労もあったのです。

一方、開戦後、日本政府は、正教徒とロシア人の身辺の安全を守るように指示しました。

明治四十五年二月十六日、ニコライは死去しました。七十五歳でした。ニコライが聖人に列されたのは、昭和四十五年（一九七〇）のことです。

旧岩崎邸

ニコライ堂から聖橋を渡って直進し、湯島天神に突き当たると左に折れ、春日《かすが》通りを横切って行くと、旧岩崎邸があります。当時の地名は下谷茅町《したやかやちょう》で、三菱財閥の基礎を築いた岩崎彌太郎《やたろう》の息子で三代目総帥《そうすい》の岩崎久彌《ひさや》が建てた邸宅です。洋館と和館がありましたが、現在、和館は一部しか残っていません。

岩崎彌太郎は、江東区清澄《きよすみ》の清澄庭園や文京区本駒込《ほんこまごめ》の六義園《りくぎえん》などを購入しています。清澄庭園にはジョサイア・コンドル設計の洋館があり、「深川親睦園」と命名して三菱社員クラブ兼ゲストハウスとして利用していました。六義園の方は、岩崎家の邸宅でした。

久彌は、新婚時代には六義園の邸宅で過ごしましたが、明治二十九年（一八九六）、現在の岩崎邸の敷地に、やはりジョサイア・コンドルの設計で二階建ての洋館と建坪が五百五十坪に及ぶ和館を建てました。

この土地は、もとは高田藩榊原《さかきばら》家の江戸屋敷で、八千五百坪ほどありました。旧薩摩藩士桐野利秋《としあき》の屋敷を経て元舞鶴《まいづる》藩知事の牧野弼成《すけしげ》の所有となり、明治十一年に岩崎彌太郎が購入しました。前年の西南戦争で、兵員や軍需物資の運送を請け負い大もうけした彌太郎は、かつての大名屋敷を何軒も買い取っていたわけです。岩崎家の財力がよくわかります。

逆に久彌は、三菱財閥総帥として、関東大震災後、深川親睦園を防災緑地にするため東京市に東半分を寄付し、昭和十三年（一九三八）には六義園を市民のための公園にするため東京市に寄付しました。文化人で社会の貢献に気を配った久彌の面目躍如《めんぼくやくじょ》というところです。

岩崎邸は、一階にはホールを中心に大食堂、客室、婦人客室、久彌の書斎など、二階には、客室、集会室、婦人客室などがあり、ベランダから広い庭が見渡せます。地下に続くらせん階段を下りると、地下道を通って別棟《べつむね》の撞球室《ビリヤード》に行けます。

この屋敷を見れば、財閥家族の生活がどのようなものであったかがよくわかります。復元ですが、金唐革《きんからかわ》の壁紙や豪華な天井《てんじよう》は必見です。

ただし、江戸時代の大名屋敷に比べれば、建物は小さく、居室もそれほど大きくはありません。

大正五年（一九一六）、五十歳になった久彌は、三菱合資会社社長の座を従弟《いとこ》の岩崎小彌《こや》太《た》に譲り、岩手の小岩井農場など、農場経営に注力します。小岩井農場は、岩崎彌之助が鉄道省長官井上勝《まさる》・日本鉄道副社長小野義眞《よしざね》と共同で始めたもので、それぞれの名字の一字ずつを取って「小岩井」と名付けたものです。岩手山麓《さんろく》の火山灰地は不毛で、井上と小野は手を引き、岩崎家が引き取っていました。久彌は、馬の生産を中心に、育牛、林業、農耕と手を広げました。

久彌は太平洋戦争に反対で、財閥の総帥という立場も好んでおらず、農牧の方が性に合っていたようです。イギリスのサラブレッド種を輸入して改良した小岩井産の駿馬《しゅんめ》は、やがてダービーを制するようになりました。また、ホルスタインの種牛も生産し、酪農製品の製造販売にも努めました。

財閥とは何か

財閥は、明治時代から太平洋戦争まで、日本の財界の指導的な地位にありました。よく聞く用語ですが、はっきりとした「財閥」の定義はないようです。この言葉は、もとはジャーナリズムや一般の人々が、「大金持ち」を総称して使っていたもので、それを経営史や経済史の専門家が使うようになったものです。

現在では、「同族支配下にある独占的地位を持つ多角的事業経営」（石井寛治『日本の産業化と財閥』岩波書店）というのが財閥の定義です。つまり、三井財閥の三井同族、三菱財閥の岩崎家のような富豪の家族や同族が、持ち株会社である三井合名会社や三菱合資会社を掌握《しょうあく》し、その傘下《さんか》に多くの企業がぶらさがっているような経営形態です。

たとえば三井合名会社の傘下には、三井物産、三井銀行、三井鉱山、などの子会社があり、三菱合資会社の傘下には、三菱造船、三菱製鉄、三菱鉱業、三菱商事、三菱銀行などの子会社があって、それぞれの企業の下には多くの子会社（本社から見れば孫会社）がありました。

合名会社と合資会社は、どちらも出資者が無限責任を負う会社形態で、合名の場合は一人以上、合資の場合は二人以上の出資者が必要です。財閥家族にとって、これらの会社形態の良い点は、株式会社と違ってディスクロージャー（情報公開）の必要がないことです。しかも、三井合名も三菱合資も、持ち株会社ですから、傘下の株式会社から配当金があがってきます。当時は配当金は所得税が非課税でした。

つまり、傘下の企業から莫大な非課税の配当金が得られ、しかもディスクロージャーすることなく、多くの大企業を隠然と支配することができたわけです。

ただし、子会社の規模が大きくなるにつれて専門性が高まり、本社が総司令部としてすべての子会社に指示を与えることは困難になり、本社機能は形骸化《けいがいか》していくことになります。

太平洋戦争の敗北後、戦勝国であるアメリカは、財閥が民主主義的な経済制度に反するとして解体する方針を出しました。つまり、財閥は戦犯の一つだと考えられていたのです。

日本政府は、ＧＨＱ（連合国最高司令官総司令部）の命令に従い、三菱本社に自発的に解散するよう命じました。これに対して岩崎小彌太は、「三菱は国家社会に対する不信行為は未《いま》だかつて為《な》した覚えはなく、また軍部官僚と結んで戦争を挑発したこともない。国策として命ずるところに従い、国民として為すべき当然の義務に全力を尽くしたのであって、顧《かえり》みて恥ずべき何ものもない」と拒否しました。

これは彼の実感でしょう。しかしそうは言っても、零戦《ゼロせん》を開発したのは三菱ですし、それで莫大な収益をあげていたことも事実です。東京裁判で政治家や軍人が裁《さば》かれている中、これに抵抗することは不可能でした。

結局、財閥を構成する企業や家族・同族の株式が持株会社整理委員会に集中され、処分されることになります。売却された株式は、現金化されて財閥家族・同族に配分されますが、昭和二十二年（一九四七）十一月の財産税（個人の資産に課された最高九〇パーセントの臨時税）によってほとんどは国庫に入りました。こうして財閥家族・同族の企業支配は終わりを告げました。

財閥傘下の大企業群は独立した会社となり、トップにいた役員たちも追放されました。三菱商事は百数十社に細分化され、三菱重工業は東日本・中日本・西日本重工業の三社に分割されました。商号の使用も制限されたため、三菱銀行は千代田銀行に、三菱信託銀行は朝日信託銀行になりました。

岩崎邸はＧＨＱに接収されました。家族は、日本家屋の一角に押しやられ、久彌は千葉の末広牧場に隠居しました。岩崎邸は、その後、財産税を払うために売却されて国の所有になりました。敷地は切り売りされ、和館の大部分は取り壊され、司法研修所のビルが建てられました。

昭和三十六年、岩崎邸は、明治の代表的洋館建築として国の重要文化財に指定され、庭園は都立公園として広く一般に公開されています。

上級編

調べる・古文書を読む

上級編では、主に歴史の調べ方、史料を保管し、展示している博物館の概観、そして歴史研究のためには必須となる古文書《こもんじょ》の読み方の初歩を解説します。これらを本格的に学ぶためには、それぞれのテーマに沿った研究書を読んだり、実際に博物館に行ったり、古文書の読み方の講座などに参加して勉強する必要がありますが、とりあえずさわりだけを紹介していきましょう。

1 参勤交代について調べてみる

歩く距離は一日三十キロ以上

映画を見て、歴史に興味を持つこともあるでしょう。たとえば、平成二十六年（二〇一四）六月二十一日に公開された映画『超高速！ 参勤交代』は、たいへんおもしろい映画で人気を呼び、続編『超高速！ 参勤交代 リターンズ』も作られました。

この映画を歴史学的に見ていきましょう。

最初の映画は、老中松平信祝《のぶとき》が東北地方の貧乏小藩の湯長谷《ゆながや》藩に五日間で参勤せよと命じたことから始まります。これは、無理な要求をつきつけて湯長谷藩を改易《かいえき》し、その領内の金山を手に入れるためでした。藩主内藤政醇《まさあつ》は、家来たちと近道を通ったり足りない行列の人数を誤魔化《ごまか》したりと苦労しながら、なんとか期限通り江戸に到着します。

湯長谷藩というのは福島県いわき市常磐《じょうばん》下湯長谷町に実在した一万五千石《ごく》の小藩で、主人公の藩主・内藤政醇も実在しています。

大名・旗本の家譜を集成した『寛政重修諸家譜《かんせいちょうしゅうしょかふ》』で調べると、政醇は正徳《しょうとく》元年（一七一一）生まれで、享保《きょうほう》七年（一七二二）、十二歳で藩主になっています。幼少の頃からずっと江戸で育ち、寛保《かんぽう》元年（一七四一）六月十三日、暇《いとま》を賜《たまわ》って初めて領地に入ります。しかし、江戸に帰ることなく、九月五日、領地で没しています。享年《きょうねん》三十一でした。

ちなみに、映画では老中首座とされている松平輝貞《てるさだ》は、五代将軍徳川綱吉《つなよし》に側用人《そばようにん》として仕《つか》え、映画の設定の八代将軍徳川吉宗《よしむね》の時代は溜間《たまりのま》詰めでした。いわば幕政顧問的存在です。輝貞は、主君として仕えた綱吉の遺命を守り、鳥獣の肉は決して口にせず、それを聞いた吉宗は御鷹《おたか》の鳥（鷹狩りで獲った鳥）を下賜《かし》することをやめました。輝貞の忠義の気持ちを重んじたのです。松平信祝は、輝貞の甥《おい》にあたります。

つまり、この映画は、実在の藩、人物の名を借りていますが、まったくのフィクションです。もう一つ、湯長谷藩から江戸城までの距離は、株式会社プロネットが提供する「距離計算サイト」で検索したところ、直線距離が百七十五キロ、算出された移動距離は二百四十五キロ、平均時速五キロで歩いたとして四十九時間でした（端数省略）。一日八時間歩いたとして六日です。最近は、ネットでこういうことも調べられるので便利です。

実際の参勤交代は昼食の休みや宿泊も入れて一日あたり平均三十五キロほど歩くので、単純計算すれば七日。後に紹介する盛岡藩のように一日五十キロ歩けば五日ですので、湯長谷藩のミッションは実は決してインポッシブルではありません。嶮岨《けんそ》な山道を通るより、普通に街道を急いだ方がよかった気がしますが、それでは当たり前すぎて映画にならないので、仕方ありません。

膨大な費用がかかる旅

参勤交代は、儀礼的な手続きが煩瑣《はんさ》でした。まず、幕府に参勤の伺いを提出し、許可を得ます。参勤に従う藩士を選び、日程を決め、宿場には予約を入れます。途中、通行する藩にも連絡をし、そこを通る時は、ねぎらいの使者が遣《つか》わされてきたり、挨拶《あいさつ》の使者を遣わしたりもします。

道中で他の藩の行列とすれ違う時は、同格の大名なら、家老たちは総下馬し、藩主同士は駕籠《かご》の扉を開いて会釈《えしゃく》します。

参勤の人数は、決まってはおらず、宿場の役人がそれを点検することはありません。しかし、藩の石高《こくだか》相当の行列を仕立てることが、藩の外聞のためには必要でした。そのため、できるだけ立派な行列になるようにします。湯長谷藩は、一万五千石なので、せいぜい五十人ほどでしょう。それでも小藩にとっては大きな負担でした。

江戸東京博物館では、平成九年（一九九七）に企画展示「参勤交代―巨大都市江戸のなりたち―」を開催しています。これは、参勤交代のあらゆる側面を紹介したもので、経路や経費、宿場で饗《きょう》される料理の献立《こんだて》などまで目配りしています。こうした成果は、企画展を開催した時に作られる図録に典拠《てんきょ》となった史料とともに解説があります。こうしたものから歴史の調べ方を学んでください。

図録は、企画展終了後も、残部があれば購入することができますので、取り寄せてみるといいと思います。

十万石の盛岡藩の参勤交代は百三十九里（約五百五十六キロ）で、規模は陪臣《ばいしん》や中間人足《ちゅうげんにんそく》を含め五百～六百人、十一泊十二日もしくは十二泊十三日で、平均して一日四十三～四十六キロ歩き、なかには五十キロ以上歩く苛酷な日程もあったということです。これも、宿泊費の節約のためだったのでしょう。

参勤交代は、宿場に入る時は行列を仕立てて入りますが、それまではかなり速いスピードで進んでいました。非番の者は、先回りして宿に入って休んだり、駕籠を雇って楽をすることもあったようです。

経費については、鳥取藩の事例で、千九百五十七両という数値が紹介されています。宿泊費自体は九十七両なのですが、諸品購入費が三百八十七両、川渡し賃などが百三十四両、駄賃（運送用の馬の経費）が四百九十二両、そして、人足費《にんそくひ》が八百四十七両かかっています。

人足費については、当時、江戸東京博物館学芸員の市川寛明《ひろあき》氏が、大名行列を支えた「通日傭《とおしひよう》」という、荷物の運送を出発地から目的地まで通しで請け負う人足を紹介しています。桑名《くわな》藩では、藩主の駕籠昇《かき》である六尺は通日傭で人数は十人、日給は銀十匁《もんめ》、ほか日給銀六・五匁の平《ひら》日傭まで含めて百六十五人が雇われています。大名行列は、藩士だけで行えるものではなかったわけですが、それはかなり高額な支出となりました。

ちなみに銀一匁は現在の貨幣価値にすると二千円ほどなので、六尺は日給二万円ももらっていたことになります。けっこう、割のよい仕事ですが、藩主の駕籠舁ともなると、腕力や脚力だけでなく、見栄《みば》えも考慮されるので、誰でもできる仕事ではありませんでした。

街道を実際に歩いてみると

参勤交代や庶民の旅行を体験するためには、街道を歩いてみるのもお薦《すす》めです。

東海道の箱根路は、石畳の道が残っており、歩くと江戸時代の旅人になった気がします。島田宿《しまだじゅく》（静岡県島田市）は、当時の町並みが再現されており、大井川川越《かわごし》遺跡や島田市博物館には大井川の川越人足の史料が紹介されています。人を負ぶって川を渡るためには、かなりの修業が必要だったことがわかります。

島田宿の近くには、『超高速！　参勤交代』のロケ地にもなった蓬莱橋《ほうらいばし》があります。全長八百九十七メートルあり、平成九年（一九九七）には「世界一長い木造歩道橋」としてギネスブックにも認定されています。この橋は、明治になって徳川慶喜《よしのぶ》とともに駿府《すんぷ》に移住してきた旧幕臣たちが大井川右岸の牧之原《まきのはら》を開拓して茶作りを始め、島田に生活用品や食料品を買いに行く便宜《べんぎ》のため静岡県令に出願して許可され、明治十二年（一八七九）に完成したものです。

また、島田宿より三宿江戸寄りの鞠子《まりこ》（丸子）宿（静岡市駿河区丸子）には、歌川広重《ひろしげ》の「東海道五拾三次・鞠子」に描かれたとろろ汁の丁子屋《ちょうじや》が営業しています。こうした食事も、街道を歩く楽しみの一つです。

中山道《なかせんどう》の木曽路は、島崎藤村《とうそん》の小説『夜明け前』の舞台になったところで、妻籠宿《つまごじゅく》（長野県木曽郡）や馬籠宿《まごめじゅく》（岐阜県中津川市）は当時の町並みが再現されていて、人気の観光地です。こうした場所に行く時は、その場所が舞台になった小説を読んでから行きましょう。イメージがふくらみます。

宿場には、旅館である旅籠のほかに、大名が宿泊する本陣や脇本陣があります。中山道の美濃太田宿《みのおおたじゅく》（岐阜県美濃加茂市）には脇本陣の建物が残っており、山陽道の矢掛宿《やかげじゅく》（岡山県小田郡）には本陣と脇本陣の建物が残っています。

街道を歩き、こうした建物を見るだけでもおもしろいのですが、その地域に残った史料を読むことができれば、もっと歴史を愉《たの》しむことができます。たとえば矢掛宿では、本陣を営《いとな》んでいた石井家の文書《もんじょ》が残り、中でも石井家当主が書いた御用留帖《ごようとめちょう》（職務日誌）は『山陽道矢掛宿本陣石井家文書「御用留帖」』（全三十五冊）として活字に翻刻《ほんこく》され、矢掛町から刊行されています。私も、こうした史料を読みながら、論文や本を書いています。

この「御用留帖」の中から、安永《あんえい》三年（一七七四）の福岡藩主・黒田継高《つぐたか》の道中を見てみましょう。

本陣亭主の源二郎とその父は、宿泊当日、一つ前の神辺宿《かんなべ》（広島県福山市）まで出向いて継高一行を出迎えます。この時、鯛《たい》二枚を献上しています。継高は、二人に料理を与え、金子《きんす》を下賜しました。

そして矢掛宿に到着すると、源二郎の父には継高愛用の御持薬《ごじやく》・金随煎《きんずいせん》と菓子が、源二郎には菓子が下賜されました。薬を与えたのは、老齢だった源二郎の父をねぎらったものでしょう。

そして翌日の出立《しゅったつ》の時は、父子ともにお目見えして宿泊の御礼を言上《ごんじょう》します。駕籠の前に出た継高は源二郎に、「今日はどこまでお見立てしてくれるのか」と尋ねます。「お見立て」とは見送りのことです。源二郎は、慣例を言上した上で「御指図に従います」と指示を仰ぎ、宿場の端《はし》まで見送ります。

ところが源二郎の父は、ここまで見送ったあと、次の川辺宿《かわべ》（岡山県倉敷市）に先回りし、出迎えてお目見えします。

このように、石井家に残された日記によって、大名と本陣亭主には親密な人間関係があったことが明らかになります。大名と本陣亭主は、ずいぶん身分差がありますが、隔年《かくねん》に訪れる大名とは長い付き合いなので、こうした交流も生まれたのでしょう。

こうした人間関係のあり方を知ると、江戸時代の身分社会理解も固定観念から解放されることになります。

現地で確認すべきこと

各地の歴史博物館に行くと、参勤交代の行列の模型があるところが少なくありません。また、折に触れて、参勤交代をテーマにした特別展も開催されています。

自宅の書庫で図録を探してみたところ、徳島県立博物館では平成十一年（一九九九）に「企画展　よみがえる江戸時代絵巻　大名行列」が、福島県立博物館では平成十三年に「企画展　武者たちが通る─行列絵図の世界─」が、徳島市立徳島城博物館では平成十七年に「特別展　大名の旅─徳島藩参勤交代の社会史─」が、埼玉県の川越市立博物館では平成二十年に「企画展　大名行列─描かれた松平大和守《やまとのかみ》家の行列─」が、それぞれ開催されています。

これは、私が関係したり、見に行ったりしたものだけですので、ほかの博物館でも開催されていると思います。

徳島市立徳島城博物館の企画展では、徳島藩が大坂に出るのに大船団を仕立てていたことが紹介されていました。大坂の庶民にとってはたいへんなイベントで、参勤交代の大船団が大坂湾に現れる時は大勢の人が港に行って見物したということです。

徳島藩の大船団は特別ですが、きらびやかな行列で行う参勤交代は庶民にとっては恰好《かっこう》の娯楽で、朝早く村を出て宿場に行き、道にゴザを敷いて座り、一日中、諸大名の参勤交代を見物する人もいました。

参勤交代というテーマ一つとっても、当時の雰囲気が残る宿場などを訪ね、現地の博物館を見学することで、これだけ世界が広がっていきます。ですので、地方に観光に行った時は、城や寺社などの観光地だけではなく、その地域の博物館や歴史館に行くことをお薦めします。

博物館では、常設展示を見るだけで、その地域の歴史が一通りわかります。企画展を行っている時は、専門家による講座や学芸員によるギャラリートークなども催されていますので、博物館のホームページを事前にチェックしてから出かけるようにすると、旅を二倍愉しむことができ、新たなテーマとの出会いもあるのではないかと思います。

2 博物館に行く

日本の歴史全体がわかる博物館

史料の実物を見るためには、博物館や史料館に行くのが一番です。特にテーマを決めた特別展では、日本全国や外国から、関連史料を集め、展示しています。大手新聞社が後援して行う東京国立博物館の展示はいつもたいへん大規模なもので、展示されている史料の質と量に圧倒されます。江戸東京博物館では、毎年、NHK大河ドラマをテーマに関連史料を集め、展示しています。そのため、大河ドラマで取り上げられている地域に行っても、重要史料は江戸東京博物館に貸し出している、ということも少なくありません。

どこの博物館でも特別展を開催していますが、そのほかに常設展示があります。常設展示は、その地域の歴史をつかむのに最適で、かつわかりやすく工夫《くふう》した見せ方をしています。

日本の歴史全体を概観するには、千葉県佐倉市にある国立歴史民俗博物館の常設展示が一番です。ここには、原始・古代から現代まで、ヴィジュアルな展示がなされています。

たとえば第二展示室では、平安時代の藤原道長《みちなが》の邸宅「東三条殿」の復元模型や十二世紀末頃の貴族の邸内の一部を推定復元し、調度を配した室内などが見られます。第二展示室は中世の展示であり、この博物館が平安時代を中世に分類していることがわかります。

同じく中世の展示には、鎌倉の地形と主な建造物、町並などを復元した模型もあります。かつてこの博物館の館長をされていた石井進氏は、元東京大学教授で、かつて私もゼミに参加していた恩師です。鎌倉武士団が専門で、鎌倉時代の鎌倉にたいへん造詣《ぞうけい》の深い方でした。その先生である佐藤進一氏は、平安時代から中世の第一の型が生まれるという学説を提唱されており、そのため平安時代も中世に含めたのでしょう。

さらに、奥州《おうしゅう》の平泉（岩手県）、津軽《つがる》の十三湊《とさみなと》（青森県）、備後《びんご》の草戸千軒《くさどせんげん》（広島県）などの地方都市遺跡の復元模型がありますが、これはそれぞれの発掘の成果によって中世の流通史が飛躍的に進歩したため、取り上げられたものです。発掘の成果では、越前《えちぜん》（福井県）の戦国大名朝倉氏の城下町一乗谷《いちじょうだに》にあった朝倉義景《よしかげ》の館も復元しています。

この博物館には、各時代の専門研究者が所属しており、それぞれの時点での研究の最前線が、展示となって公開されているのです。火縄銃《ひなわじゅう》の展示では、日本の鉄砲は火ばさみの向きや機関部が西洋のものと異なっており、形式から東南アジアで改良されたものと推測されています。この解説は、この博物館の教授だった宇田川武久《たけひさ》氏の最新の研究成果が反映されたものでしょう。

近世の展示では、日本橋付近の町・市場・盛り場の復元模型や、近世に蝦夷《えぞ》地と大坂を結んだ北前船《きたまえぶね》の模型などがあります。近代の展示では、浅草の街並みを実物大に復元した模型があります。また、大正時代の庶民の娯楽だった活動写真（無声映画）なども展示されています。戦後の展示では、各地にできた闇市《やみいち》の様子が実物大で再現されています。

この博物館は、丁寧《ていねい》に見ると、一日では回りきれないほどの内容が展示されています。一度見学に訪れてください。

地方の町や市場の遺跡を再現

古代では、島根県立古代出雲《いずも》歴史博物館が特筆されます。

平成十二年（二〇〇〇）から翌年にかけて、出雲大社境内《けいだい》遺跡からスギの大木三本を一組にした直径約三メートルほどの巨大な柱が三カ所で発見されました。これは、宇豆柱《うづばしら》と呼ばれる棟《むね》をささえる柱でした。豊富な地下水が流れているため、奇跡的にほぼ当時の姿のまま出土したのです。これが、博物館に展示されています。また、推定ですが、巨大神殿だったとされる平安時代の出雲大社の姿を再現した模型も展示されています。

また、平安時代に編纂《へんさん》された『出雲国風土記《ふどき》』を典拠として、島根郡朝酌郷《しまねのこおりあさくみのさと》の朝酌促戸《あさくみのせと》という市《いち》に集まるさまざまな人々の生業《なりわい》や暮らしを再現しています。商品として並べられた食べ物、焼き物、生活道具などを見ながら、当時の人の生活や食事がどんなものであったかを考えることができます。

広島県福山市にある広島県立歴史博物館では、中世の市である草戸千軒を復元していま す。瀬戸内海の芦田《あしだ》川河口の港町として栄えた草戸千軒は、鎌倉時代から室町時代にかけておよそ三百年間存在した大規模集落で、物流の交流拠点として繁栄していました。周辺の荘園《しょうえん》や日本の他の地方とだけではなく、朝鮮半島や中国大陸とも交易《こうえき》していたとみられています。

戦前の河川工事で遺物が出土したことによって存在が確認され、戦後になって昭和三十六年（一九六二）から実に三十年に及ぶ大規模な発掘調査で全容が判明しました。国立歴史民俗博物館でも展示されていますが、この博物館では実物大に復元されていますので、より実感が湧く展示になっています。

織田信長が楽市楽座令《らくいちらくざ》を出した岐阜県岐阜市の加納《かのう》の楽市場は、岐阜市歴史博物館で復元されています。

現代人がなかなか想像しにくい古代や中世の市や町も、こうした展示を見ることによってわかってきます。

奈良時代の建物を復元

博物館では、家屋や町並みの一部を実物大に復元することも多いのですが、巨大な建物の復元はできません。かつてあった巨大な建物を実感するためには、野外の展示が最適です。奈良市の平城宮跡では、朱雀門《すざくもん》や第一次大極殿《だいごくでん》が復元されています。その周囲は草の生えた空き地ですので、当時の姿をすべて見ることはできませんが、都に入る門や宮中の中心的な建物である大極殿の姿を実感することができます。

ここでは、発掘調査で見つかった遺構をそのまま見ることのできる遺構展示館や出土品などを展示する平城宮跡資料館もあります。奈良には、東大寺の大仏殿や南大門、薬師寺《やくしじ》や唐招提寺《とうしょうだいじ》など、かつての様子がわかる建物がたくさん残っていますが、それらを見物した後に行ってみてください。

ちなみに、東大寺の大仏殿は、源平の争乱時代と戦国時代に焼失し、現在の建物は江戸時代の宝永《ほうえい》六年（一七〇九）に落成したものです。

薬師寺は、七世紀に藤原京に建てられ、平城京に遷都《せんと》した時、現在の西ノ京に移されました。当時の建造物は東塔（国宝）しか残っていませんでしたが、昭和五十一年（一九七六）から金堂《こんどう》、西塔、中門、回廊《かいろう》、大講堂、食堂が復元されました。金堂には、中央に本尊の薬師如来《にょらい》、左右に日光菩薩《ぼさつ》、月光《がっこう》菩薩（いずれも国宝）が並んでいます。

西塔などの復元された建築物は、青や丹《に》（赤）があざやかで、古さを感じさせないことで逆に歴史的な遺物のように思えない人もいると思いますが、これが本来の姿です。奈良時代の人々は、こうした建物群に圧倒され、仏の力を感じたのでしょう。

井上靖《やすし》氏の小説『天平《てんぴょう》の甍《いらか》』に書かれた唐僧鑑真《がんじん》が開基となったのが、薬師寺の北にある唐招提寺です。金堂（国宝）は、八世紀後半の創建当時の姿を伝えるものです。正面間口七間《けん》、奥行き四間の非常に端正な造りで、見ているだけで感動する建築物です。堂内には、中央に本尊の盧舎那仏《るしゃなぶつ》坐像、右に薬師如来立像、左に千手観音《せんじゅかんのん》立像（いずれも国宝）が並んでいます。講堂は、平城宮の東朝集殿《ひがしちょうしゅうでん》を移築したもので、現在の姿は鎌倉時代に改造されたものだと推定されていますが、平城宮の面影《おもかげ》を伝える唯一《ゆいいつ》の貴重な建築物です。

こうして見ると、現在の奈良市は、文化史の上で「天平時代《てんぴょう》」と呼ばれる奈良時代を体験する博物館のような町だと言うこともできます。

京都の様子を伝える洛中洛外図屏風

戦国時代になると、当時の京都を描いた洛中洛外図屏風《びょうぶ》などの屏風絵が出現してきます。たいへん華やかなもので、歴史研究に貴重な情報を与えてくれますので、洛中洛外図屏風などを所蔵する博物館、美術館は、これをメインにした展示会をよく開催します。

屏風は、木で骨格を作り、その上に紙や絹を貼りパネル状とし、紙蝶番《ちょうつがい》でつなぎ合わせて作っています。パネルが六枚で構成されていれば六曲《きょく》と言います。畳の上に立つようにジグザグにして置くので、「曲」というわけです。

屏風は、一隻《せき》と数え、通常は二隻を一組にして作られます。この一組を一双《そう》と言い、右に置く方を右隻、左に置く方を左隻と言います。屏風に張られた絵は、右から第一扇《せん》、第二扇と呼びます。一双の内の片方が失われて一隻だけの屏風もあります。

有名なものは、米沢《よねざわ》市上杉博物館に残る「上杉本洛中洛外図屏風」（国宝）です。ちなみに、数多くある洛中洛外図屏風を区別するために「上杉本」などと所蔵機関などに「本」をつけて呼びます。

この屛風は、六曲一双の大画面に、室町時代の京都の様子が描かれています。右隻第一扇の上部には清水寺《きよみずでら》が描かれ、第二、三扇には主に京都の町屋と祇園祭《ぎおんまつり》の様子が描かれ、第五、六扇には天皇の御所《ごしょ》が描かれています。左隻には、第二扇上部に金閣寺《きんかくじ》が、第四、五扇には室町将軍の御所が描かれています。将軍御所に向かう武士の行列と輿《こし》は、上杉謙信《けんしん》の行列を描いたものではないかと推測されています。

この屛風は、永禄《えいろく》八年（一五六五）にまだ二十三歳だった狩野永徳《かのうえいとく》が描いたもので、織田信長が入手し、越後《えちご》の戦国大名上杉謙信に贈ったものです。

一度は米沢市上杉博物館に行き、この屛風を見ておくことをお薦めします。東京の博物館などで、屛風や京都をテーマにした展示会がある時は、この屛風が展示されていることもあります。

最古の洛中洛外図屛風は国立歴史民俗博物館に

現存最古の洛中洛外図屛風は、国立歴史民俗博物館にある「歴博甲本」と呼ばれる屛風です。かつては狩野元信《もとのぶ》周辺の狩野派絵師の作品とされていましたが、現在では土佐光信《みつのぶ》周辺の土佐派絵師によって描かれたと考えるのが主流です（佐藤康宏《やすひろ》『ＵＰ』四四六号、二〇〇九年）。

国立歴史民俗博物館のホームページには、歴博甲本をはじめとする各種の洛中洛外図屏風の高精細画像がアップされていて、どの部分でも拡大して見ることができます。また、「洛中洛外図屏風『歴博甲本』人物データベース」では、この屏風に描かれた人物が、性別、身分等、服装、被《かぶ》り物、髪型、髭《ひげ》、持ち物、場所、行為などで検索することができます。

性別では男女だけでなく子供・赤ん坊、身分等では公家《くげ》・武士・僧侶・尼僧《にそう》・農民・犬神人《いぬじにん》・駕輿丁《かよちょう》、服装では狩衣《かりぎぬ》・直垂《ひたたれ》型・肩衣袴《かたぎぬばかま》・法衣《ほうえ》・小袖・胴服《どうぶく》・付紐《つけひも》というように細分化されています。たいへん役に立つデータベースで、『角川まんが学習シリーズ　日本の歴史』の監修を行った時もよく利用させていただきました。

東京国立博物館には、室町時代の京都を描いた洛中洛外図の江戸時代前期の写し（「東博模本」）があります。これをもとに、東京大学史料編纂所の黒田日出男《ひでお》教授（当時）の監修のもと、技術官の村岡ゆかり氏が復元模写した洛中洛外図があります。金箔《きんぱく》をふんだんに使い、できるだけ当時の顔料に近いものを使用しながら模写されたこの屏風は、描かれた当時のあざやかな姿を感じさせてくれます。この屏風は、オープンキャンパスの時などに展示されますので、ぜひ見に来てください。

洛中洛外図は、江戸時代初期になっても描かれています。東京国立博物館の洛中洛外図屏風（舟木本）は、右雙第一、二扇に豊臣秀吉が建立《こんりゅう》した大仏殿が描かれ、左隻第五、六扇上部には天皇の御所が、同下部には二条城が描かれています。

岡山県岡山市にある林原《はやしばら》美術館に所蔵される洛中洛外図屛風（林原本）は、江戸幕府二代将軍徳川秀忠《ひでただ》の五女和子《まさこ》が後水尾《ごみずのお》天皇に入内《じゅだい》する様子を描いています。この屛風の左隻第三、四扇に描かれた二条城は、六層の天守閣を持つ堂々たる城郭建築で、その横には京都所司代《しょしだい》の屋敷も描かれています。

こうした屛風を見ながら、室町時代から安土・桃山時代を経て江戸時代に至る京都の変遷《へんせん》を探ってみるのもおもしろいと思います。これらの屛風は、群馬県立歴史博物館・米沢市上杉博物館・林原美術館三館の共同企画展図録『洛中洛外図屛風に描かれた世界』に高精細の写真で紹介されています。

特色のある各地の博物館

大阪城天守閣は、二代将軍秀忠が建てた大坂城天守閣を復元したもので、大阪観光の目玉です。鉄筋コンクリート造りで、エレベーターがあるなど当時の城の姿を忠実に復元したものとは言いがたいのですが、中は博物館になっていて、豊臣秀吉の時代を中心に豊富な所蔵史料を展示しています。「関ヶ原合戦図屏風」など数多くの屏風も所蔵し、特に注目されるのは「大坂夏の陣図屏風」（重要文化財）です。

この屏風は、筑前《ちくぜん》福岡藩主黒田家に伝来したもので、「黒田屏風」と通称されます。六曲一双の大画面に右雙第六扇に描かれた大坂城天守閣を中心に、人物五〇七一人、馬三四八頭などが精緻《せいち》に描かれています。

右雙は、大坂夏の陣の戦いがまさに始まったばかりの情景で、赤備《あかぞな》えの真田信繁《さなだのぶしげ》隊などの豊臣軍が、徳川軍と鑓《やり》合わせを開始しています。鑓隊とともに鉄砲や弓を構えた足軽《あしがる》たちも互いに相手に攻撃を仕掛けています。天守閣の窓からは、戦況を見つめる女性たちの姿が見えます。左雙は、大坂城落城後、逃げ惑う兵士や女性の姿が描かれています。橋は焼け落ち、船で逃げる者、歩いて川を渡る者、首を取られた遺体、着物を奪われて腰巻きだけの姿になった女性、連行される女性、分捕《ぶんど》り品を積み上げてふんぞり返る野盗など、戦いの悲惨さと人間模様が余すところなく活写されています。

大阪城天守閣では、多くの合戦図屏風のほか、織豊《しょくほう》期の文書を蒐集《しゅうしゅう》しており、たいへん内容のある文書が所蔵されています。合戦図屏風は『テーマ展　いくさの場の光景―大阪城天守閣収蔵戦国合戦図屏風展―』、文書は『テーマ展　乱世からの手紙―大阪城天守閣収蔵古文書選―』に写真付きで紹介されています。北川央《ひろし》館長によると、特に合戦図屏風の図録はよく売れているということです。このほか、秀吉の正室だった寧々《ねね》の実家である木下家（元備中足守藩主《びっちゅうあしもり》）の文書のうち、秀次事件の後、諸大名が提出した秀頼に忠誠を誓う起請《きしょう》文《もん》なども収蔵しています。

神戸市立博物館は、貿易港だった神戸にふさわしく、対外関係史料が多数蒐集されています。戦国時代には、ポルトガルなどから南蛮船《なんばんせん》と呼ばれる船が来航しました。その様子を描いたのが「南蛮屏風」ですが、この博物館に所蔵される「南蛮屏風」（重要文化財）は、左隻に想像上の異国から南蛮船が出航する様子を描き、右隻に南蛮船が長崎に来港する姿が描かれています。上陸する立派な衣装に身を包むポルトガル人やアフリカ系の船員らが描かれ、それを迎えるポルトガル系のイエズス会士とフランシスコ会士と思われるイスパニア系の托《たく》鉢《はっ》修道団の修道士が描き分けられています。

このほか、リスボン、セビリア、ローマ、コンスタンチノープルの世界の都市を描いた「四都図」、地球全体を描いた「世界図」、ヨーロッパの王侯を描いた「泰西王侯《たいせいおうこう》騎馬図屏風」、各種の世界の古地図など、系統的な史料の蒐集がなされています。

神戸市にはかつて平氏の根拠地であった福原があり、神戸港は当時の大輪田泊《おおわだのとまり》ですので、源平合戦関係の史料も蒐集されています。幕末には開港地になるので、外国人居留地関係の史料も所蔵しています。この博物館の建物は、旧横浜正金《しょうきん》銀行の建物ですので、建物自体にも資料的価値があります。

大名家道具はここにある

滋賀県彦根市の彦根城博物館には、旧大名であった井伊《いい》家の史料が所蔵されています。この内、井伊直弼《なおすけ》関係の書状などは、東京大学史料編纂所で、『大日本維新史料　類纂之部井伊家史料』として刊行が続けられています。この博物館に所蔵される「関ヶ原合戦図」は数多くある「関ヶ原合戦図屛風」の中で最も成立の早い貴重な屛風です。廃藩置県まで続いた大名家の史料が所蔵されていますので、調度、甲冑《かっちゅう》、刀剣、衣装、食器などの大名道具も豊富に残っています。

山口県防府《ほうふ》市にある防府毛利《もうり》博物館も同様で、数多くの雛《ひな》人形が展示される時は壮観です。また、室町時代の画家である雪舟《せっしゅう》の「山水長巻《さんすいちょうかん》」も所蔵しています。毛利家文書も所蔵しており、かつて私は、毎年この博物館に通って、膨大《ぼうだい》な毛利家文書の写真を撮影していました。

九州では、福岡県柳川《やながわ》市の立花家史料館に、大名道具が豊富に残っています。近代の立花伯爵《はくしゃく》邸は、「御花」として観光施設にもなっています。立花家文書も織豊政権期から江戸時代初期にかけての貴重な文書が多く、柳川古文書館に寄託されて閲覧《えつらん》することができます。毎年十一月に柳川出身の詩人・北原白秋《はくしゅう》を記念して行う白秋祭の時は、柳川の堀に多数の船が浮かび、両脇の陸では市民の方々がさまざまなイベントを催しています。

明治維新期では、西郷隆盛《たかもり》や大久保利通《としみち》など、倒幕を実現し、近代国家を築いた人材を多数輩出《はいしゅつ》した鹿児島県の鹿児島県歴史資料センター黎明館の展示が充実しています。敷地は、鹿児島藩の城である鶴丸《つるまる》城本丸です。門の石垣には、西南戦争の時の銃痕《じゅうこん》が残っています。

沖縄県では、琉球国王の宮殿であった首里《しゅり》城が復元されています。まったく中国風の宮殿で、中国文化の強い影響を見ることができます。旧琉球国王尚《しょう》氏が伝存した王冠、衣装、調度、美術品、文書などは、沖縄市立郷土博物館に寄贈され、展示されています。

あげていくときりがないので、このあたりで終わりにしますが、博物館は歴史に近づくために一番効率のよい施設です。各地に観光に行った時には、その地域の博物館、美術館などを訪れてみてください。

3　古文書の名称を知る

史料館と文書館

２節の最後の項目で立花家史料館と柳川古文書館に触れましたが、博物館や美術館とは別に史料館や文書館という施設があります。主にまとまった史料群を所蔵する機関で、史料を整理し、管理しています。立花家史料館では立花家の大名道具を所蔵し、柳川古文書館では立花家の文書を寄託されているほか、柳川藩の藩校の典籍《てんせき》である伝習館《でんしゅうかん》文庫を所蔵しています。

史料館や古文書館は、歴史研究者が調査に行くことの多い施設ですが、一般の人には馴染《なじ》みがないかもしれません。

たとえば、文書館としては成立が最も早い山口県文書館は、毛利家の文書を寄託され、整理しています。山口県立山口図書館の建物の中にあり、若い頃によく調査に行きました。防府の毛利博物館も毛利家の文書を所蔵していますが、こちらは毛利家の家《いえ》文書で、山口県文書館は家臣の系譜集である『萩藩閥閲録《ばつえつろく》』など藩で作成された記録や近代になって藩史を編纂した時に使った史料を中心に管理しています。

一般に、江戸時代の藩に残った史料は、大きく家文書と藩政史料に分かれ、さらに典籍類があります。近代になって、家文書は財産として旧大名家がそのまま所蔵しますが、藩政史料については県や市などの地方自治体に引き継がれるのが一般的でした。そのため、複数の史料保存機関に所蔵されることになる場合が多いのです。

国文学研究資料館の付属施設である史料館は、津軽《つがる》家、蜂須賀《はちすか》家などの大名家文書、各地の農村史料などを所蔵しています。史料群を散逸《さんいつ》させないため、当時の文部省が文部省史料館を作って史料群を集め、それが現在は国文学研究資料館の付属施設になっているのです。

そのほか、文庫と命名されている機関やコレクションもあります。熊本藩細川家の所蔵する美術品や文書を保存する東京の目白にある永青《えいせい》文庫では、定期的に展覧会を開催していますす。江戸時代の史料の多くは、熊本大学附属図書館に寄託されており、これらも「永青文庫」として管理・公開されています。ここにも何度も調査に行きました。

東京の石川武美《たけよし》記念図書館（旧お茶の水図書館）には成簣堂《せいきどう》文庫があります。成簣堂文庫は、お茶の水図書館を創設した石川武美が親交のあった徳富蘇峰《とくとみそほう》から昭和十五年（一九四〇）に一括購入した文庫です。蘇峰は、『近世日本国民史』という大著を書いており、古文書も蒐集していたのです。中には、永禄十二年（一五六九）正月、織田信長が足利義昭《よしあき》に認めさせた「殿中御掟《でんちゅうおきて》」、小谷《おだに》城落城の際、浅井長政《あざいながまさ》が片桐且元《かたぎりかつもと》に与えた最後の感状（軍功を証明する書類）などの貴重な史料が多数あります。

こうした機関には、主に古文書が所蔵されています。ここでは、古文書がどういうもので、どういう種類があるのかを概説していきましょう。

古文書とは何か

一般の人は、古い書物があれば、すべて「古文書」だと思っているようですが、そうではありません。たとえば、木版で出版された江戸時代の書物は「古文書」ではありませんし、公私の日記も「古文書」とは呼びません。

これらの区別は、大学の史学科では、「史学概論」や「古文書学」の講義で教えられ、前近代史を専攻する学生には常識となっていますので、覚えておきましょう。

歴史を研究する素材を史料と言い、精神的遺物と物体的遺物があります。精神的遺物というのは、言語・風俗・習慣・伝承・思想など、物体的遺物は遺跡・器物などと、文字や文章の記載のある文献があります。

古文書は、「こもんじょ」と読みます。「こぶんしょ」と読む人が多いのですが、これは間違いです。古文書は、先に述べた文献史料の一部です。

その定義は、佐藤進一氏によれば「特定の対象に伝達する意思をもってするところの意思表示の所産」というものです。

簡単に言えば、Aという人がBという人に何かを伝えるために作成されたもの、ということです。つまり、差出人と受取人がある文書が、古くなって歴史研究の素材となったものを「古文書」と言うわけです。

命令書や手紙などは古文書であり、逆に、著作物、編纂物、日記、メモなどは、古文書には入りません。

しかし日記は、古文書と並んで歴史研究では最も重視される素材です。これは、「古記録」と呼びます。

さまざまな様式と名称

古文書には、さまざまな様式があり、それによってさまざまな呼び方があります。古代以来、存在した古文書の名称をいちいち説明するときりがないので、高校の教科書に載《の》るレベルの古文書の名称を中心に説明していきましょう。

たとえば、平安時代、国司《こくし》の暴政を中央政府に訴えた「尾張国郡司百姓等解《おわりのくにぐんじひゃくしょうらのげ》」という古文書があります。なぜ、「解」あるいは「解文《げぶみ》」と言うのかわからなかった、という人も多いに違いありません。

大宝《たいほう》元年（七〇一）に制定された大宝令の中の「公式令《くしきりょう》」に公文書の様式を規定しています。

その中で「解」という文書様式は、下から上へ提出するもののことです。「尾張国郡司百姓等」が朝廷に提出した文書なので、「解」という様式をとったわけです。

太政官《だいじょうかん》が天皇に提出する文書は「論奏《ろんそう》」になります。これを「上奏」とも言います。

同格同士の文書は、「移《い》」と言います。

上から下へ与えるものは、「詔書《しょうしょ》」「勅旨《ちょくし》」など、さまざまなものがあります。

ほかに教科書では、平家滅亡の端緒《たんしょ》となった以仁王《もちひとおう》の「令旨《りょうじ》」、上皇の発給する「院宣《いんぜん》」、建武《けんむ》の新政の時、後醍醐《ごだいご》天皇がさかんに発給した「綸旨《りんじ》」など、いくつかの文書の名称が出てきます。以下では、天皇の文書の変化について解説していきましょう。

詔書の発給手続き

詔書を発給するには、複雑な手続きが必要となります。

まず、天皇の意志は、側近の女官《にょかん》である内侍《ないし》から中務省《なかつかさしょう》に伝えられます。中務省の書記官である「内記《ないき》」は、文章の原案を作成して天皇に上げます。天皇は、日付の一部を記入し（これを「御画日《ごかくじつ》」と言います）、中務省の長官である中務卿《きょう》に下《くだ》します。中務省は、この文書を写して、中務卿、中務大輔《たいふ》、中務少輔《しょう》が署名し、中務省印を捺《お》して太政官に送ります。もとの文書は、中務省に保管されます。

太政官では、太政大臣、左右大臣、大納言《だいなごん》が署名し、この詔書を施行することを奏上《そうじょう》します。天皇は、これに「可」の一字を書いて（これを「御画可《ごかくか》」と言います）認可します。

太政官は、この詔書を保管し、詔書の写しと、これを施行する旨《むね》を記した太政官符を添えて、中央の各官衙《かんが》（それぞれの役所のこと）に与えます。地方には、詔書の内容を含んだ太政官符を作成して下します。

一通の詔書を発給するために、これだけの手続きが必要となるのです。詔書は、天皇の命令とは言いながら、発給主体が太政官になるので、その意に反するものはなかなか出せなかったことも想像できます。

詔書に対して勅旨（勅書とも言う）は、小事に対して用いられたもので、御画日も御画可も不要です。ただ、この文書様式は、あまり用いられなかったようです。

宣旨と綸旨

平安時代になると、「公式令」に基づく文書は手続きが煩雑《はんざつ》なため、「公家様文書」と言われる文書様式がもっぱら用いられるようになります。

天皇の意思を伝達する文書は、「宣旨《せんじ》」です。

宣旨は、天皇が命令を蔵人《くろうど》（職事《しきじ》とも言います）に伝え、蔵人から上卿《しょうけい》（当日の政務担当の公卿《くぎょう》）へ伝え、上卿が外記《げき》や弁官《べんかん》に伝えて発給させた文書です。上卿は一般に左右の大臣が務めますが、大納言が務めることもあります。

これは、律令制では朝廷の政治が太政官を中心としていたのに対し、平安時代の貴族政治では実務が蔵人や弁官に移っていたことを示しています。

宣旨は、次第に「綸旨」という様式の文書に代わっていきます。

綸旨は、もともと私的な文書で、いわば書状です。ただし、天皇や公卿のように身分の高い者は、書状を侍臣《じしん》（そばに仕える家臣）に書かせます。

ただ代筆するというのではなく、侍臣が主君の意を奉じて、自分の名前で書状を書くのです。これを「奉書《ほうしょ》」と言いますが、天皇の場合は蔵人が奉書を作成し、それが「綸旨」と呼ばれたのです。

上卿が関与する必要がない文書なので、より手続きが簡単になり、建武の新政を行った後醍醐天皇は、この綸旨を盛んに発給します。

天皇絶対の政治を目指した後醍醐天皇は、すべてを自分の判断で行おうとしたのですが、特に土地には複雑な権利関係があったので、ある土地の権利をAに与える綸旨を出し、Bの訴えでその同じ土地をBに与える綸旨を出したりして、政治が混乱しました。また、発給が簡単なものなので、偽《にせ》の綸旨も横行したようです。

ちなみに、上皇が発給する奉書形式の文書を「院宣」と言い、皇太子などが発給する場合は「令旨」と言います。

つまり、公的な文書形式で出されていたものが、私的な文書形式で代用されることになったわけです。

女房奉書

詔書や宣旨を出す場合、天皇から内記や蔵人に意思を伝達したのは、天皇に近侍《きんじ》する女官でした。その場合、文書（「内侍宣《ないしせん》」と言います）で伝達したのですが、これが天皇の意思を伝達する文書として、綸旨に代わる働きをするようになります。これを「女房奉書《にょうぼうほうしょ》」と言います（二〇二〜二〇三ページ参照）。

古来、女性はかな書きで文章を書いたので、女房奉書もかな書きです。これは、次第に「散し書《ちらしがき》」という特徴的な文字配列がなされるようになります。

女房奉書の中には、直接、天皇が筆をとったものもあります。これを「宸翰女房奉書《しんかん》」と言います。「宸翰」とは、天皇の手紙のことです。ただし、形式はあくまで女官が書いたという体裁《ていさい》をとります。つまり、かな書きの散し書で書くのです。

宸翰女房奉書では、後陽成《ごようせい》天皇が、秀吉に朝鮮への渡海を延期するよう諭《さと》したものが有名です。これは、料紙（使用した紙）も大きく、雄大な筆致で、一目で単なる女房奉書とは違うという印象を受けるものです。

天皇の文書の変遷を見てくると、次第に手続きが簡略化されて、天皇自身が前面に出てくる傾向があることがわかります。これは天皇の意思が公卿たちに邪魔されずにはっきり表明されるようになった、と言えますが、一面で朝廷の機構が簡素になり、その分、権力も権威も低下していった、と考えることもできます。

こうした文書の名称を知っているだけで、歴史書の理解が深まることは確実です。覚えるというよりは、様式によって文書の呼び方が違うということと、それは時代的な変遷がある、ということをわかっていただければよいのです。

武家の使った文書様式

平安時代、上皇や摂関家《せっかん》は、下達文書を「下文《くだしぶみ》」という文書様式で出していました。たとえば、上皇では、その役所である院庁《いんのちょう》から「院庁下《くだす》」で始まる文書、摂関家では、その役所である政所《まんどころ》から「摂関家政所下」で始まる文書を出しています。「政所」は三位《さんみ》以上の貴族が開くことを許された家政機関です。

この形式は、鎌倉幕府を開いた源頼朝も踏襲《とうしゅう》します。頼朝は、建久《けんきゅう》元年（一一九〇）十一月、上洛《じょうらく》して権《ごん》大納言兼右近衛大将《けんうこんえのたいしょう》に任じられ、十二月に両官を辞しました。これを機に頼朝は、政所下文を出すことになります。

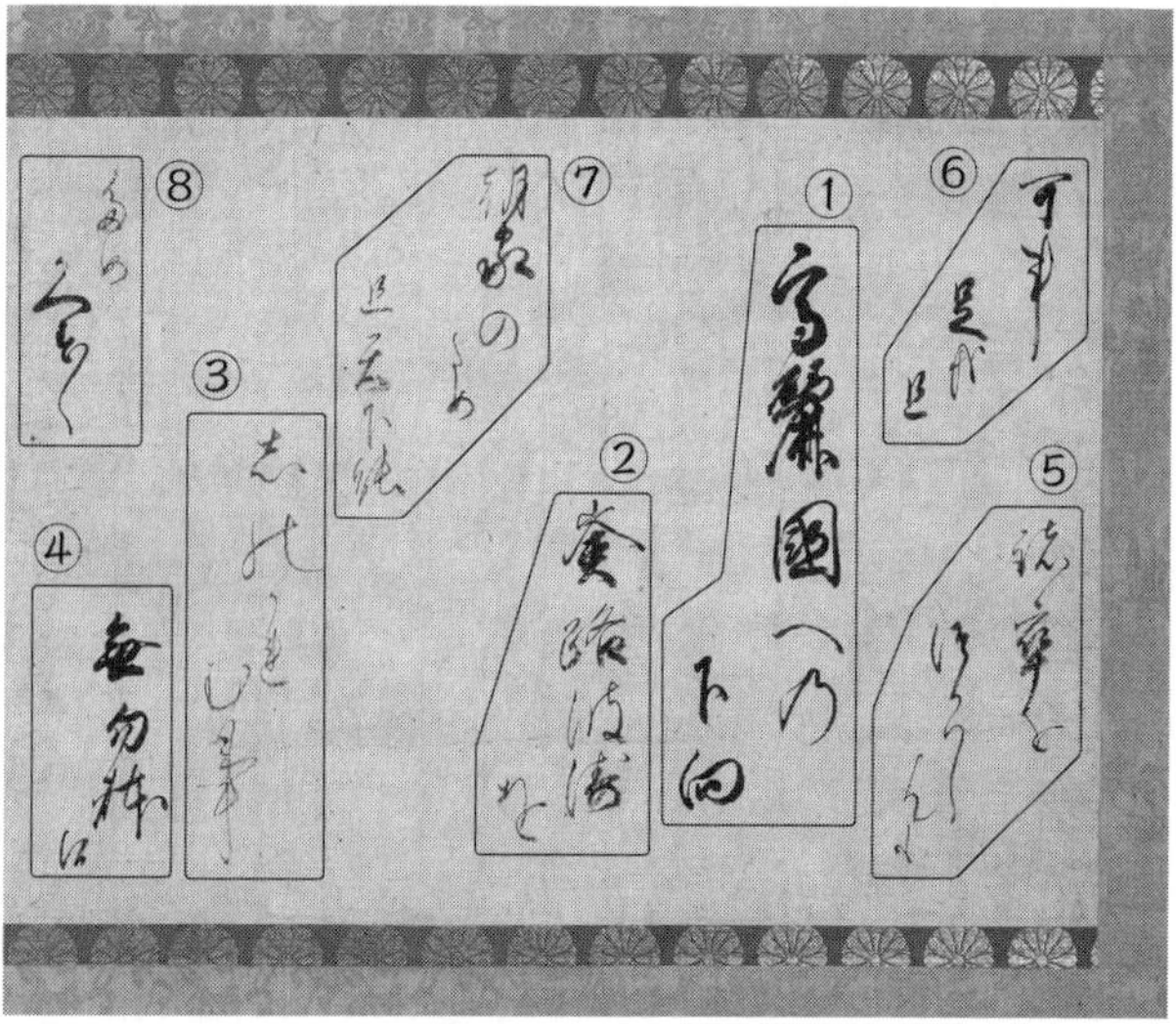

［釈文《しやくもん》］

①高麗国《こうらいこく》への下向、
②簽《けん》路《ろ》波《は》濤《とう》を
③しのか《が》れむ《ん》事、
④無勿体《もったいなく》候《そうろう》。
⑤諸卒《しょそつ》をつかは《わ》し候《そうらい》ても
⑥可事足哉《ことたるべきや》。且《かつうは》
⑦朝家のため、且天下の
⑧ため、かへ《え》す〱
⑨発足《ほっそく》遠慮可然《しかるべく》候。
⑩勝を千里に決して、此度《こたび》の事
⑪おもひ《い》とまり給候《たまいそうら》ハ《は》ヽ《ば》、別而《べっして》悦おほ《ぼ》しめし
⑫候へ《べ》く候。猶《なお》、勅使《ちょくし》申へ《べ》く候。
⑬あなかしく。
太閤との《ど》へ

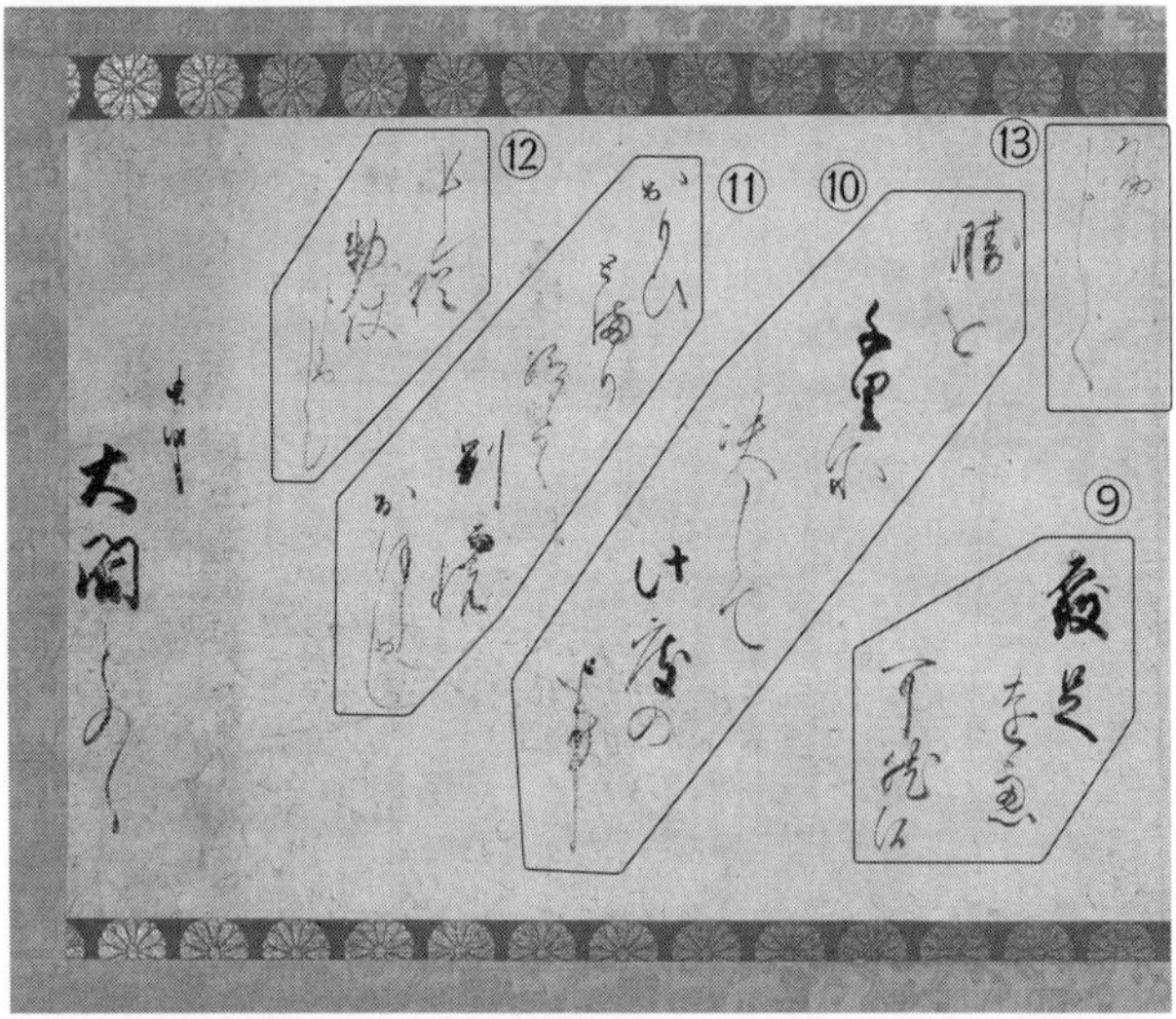

後陽成天皇宸翰女房奉書（京都国立博物館蔵）

［現代語訳］

高麗国への下向、苦労して波濤を越え険路を行くことは、おそれ多いことです。家来の軍勢だけを派遣するだけで足りるのではないでしょうか。朝廷のため、また天下のため、返す返す出発は思いとどまるべきです。遠い日本から指示して戦いに勝利することにし、この度の計画を思いとどまりになっていただければ、（天皇は）たいへんに悦《よろこ》ばしく思《おぼ》し召されます。なお、勅使が申すでしょう。あなかしく。

太閤殿

冒頭は、上皇や摂関家と同様、「前右大将政所下」で始まります。建久三年七月、征夷《せいい》大将軍に任命されると、「将軍家政所下」で始まる将軍家政所下文を出すようになります。

高校の日本史教科書には、鎌倉幕府の中央機関として、「御家人を組織し統制する侍所《さむらいどころ》、一般政務や財政事務をつかさどる政所（初めは公文所《くもんじょ》）、裁判事務を担当する問注所《もんちゅうじょ》などがおかれ、京都からまねいた下級貴族を主とする側近たちが将軍頼朝を補佐した」（『詳説日本史B』山川出版社）と書かれています。これを読むと公文所や政所は幕府が創設した独自の機関のように思えるのですが、公文所も政所も荘園《しょうえん》などを管理する貴族の家政機関で、頼朝はそれをそのまま幕府の中央機関にしたにすぎません。しかも、御家人《ごけにん》には政務や財政、裁判事務に精通した者がいなかったので、京都から下級貴族を招いて担当させました。

下文は、地頭職《じとうしき》などの職の補任《ぶにん》、所領給与、安堵《あんど》、課役《かやく》免除、守護不入《ふにゅう》などの特権付与や訴訟の判決などに使われました。

その後、訴訟の判決などは、下文を簡略化した「下知状《げちじょう》」を使うようになり、下文が発給される範囲は縮小されました。

このほか、侍臣や右筆《ゆうひつ》が主人の意を奉じて出す奉書形式の文書も用いられました。三位以上の人の奉書は「御教書《みぎょうしょ》」と呼ばれます。三位以上の人の仰せを「教」と言い、その文書を「教書」と言い、さらに御という敬語を付けて「御教書」と称したのです。

佐藤進一氏は、鎌倉幕府が用いた文書が公家様文書と同様であったことを指摘して、次のように述べています（『古文書学入門』法政大学出版局）。

「この武家政権が政治的にも経済的にも京都の朝廷・貴族から分離し独立して存続しうる条件をもたず、ことにこの政権の中核を形づくる頼朝以下の武士上層部が京都文化の追随者であって、未《いま》だ彼らの間になんら独自の文化を形成し得なかったことによる当然の結果であった」

文書の様式の考察から、政権の本質に迫る興味深い見解です。この『古文書学入門』は、法政大学の通信教育用テキストですが、古文書学研究の古典的名著です。

御内書と朱印状

室町時代後期になると、室町幕府の将軍が出した「御内書《ごないしょ》」という文書が出されるようになります。御内書は、将軍が出した直状《じきじょう》（真の発給者が差出人として文書に登場する様式）形式の文書で、いわば将軍の書状です。

一般の書状と違うところは、書状ならば書止め（最後の文章）に、「謹言《きんげん》」「恐々謹言《きょうきょうきんげん》」「恐惶謹言《きょうこうきんげん》」などと書くのですが、御内書では「也《なり》」とか「状如件《じょうくだんのごとし》」などと書きます。

つまり、書状よりは相手を見下した様式であり、将軍の地位の高さを示しています。ただし、将軍が御内書で直接命令を出すということは、それだけ幕府の官僚機構が機能しなくなっていることも示しています。

戦国大名同士では、一般的に書状が使われました。また、東国大名では、領地を与える時などに印章《いんしょう》を捺す「印判状」も用いられました。小田原の北条《ほうじょう》氏の「虎の印判状」は有名で、神奈川県立歴史博物館などに実物が展示してあります。

織田信長は、岐阜を根拠にした頃から、「天下布武《ふぶ》」と刻された印章を使っています。印が朱で捺されたので、朱印状《しゅいんじょう》と称しますが、中には墨で捺された黒印状もあります。署名と花押《かおう》ではなく、ただ印を捺すことで自分の書状であることを示すのは、相手に対する薄礼《はくれい》を示しています。それだけ信長は、自分の地位の上昇を自覚していたのでしょう。

豊臣秀吉は、羽柴《はしば》秀吉時代までは書状を用いていましたが、天正《てんしょう》十三年（一五八五）七月に関白《かんぱく》に任官し、その前後から朱印状を使い始めます。秀吉の朱印状は、七千通ほども残っていますので、博物館などで見た人も多いと思います。

信長の印が「天下布武」や「麒麟《きりん》」を描いた立派なものであるのに対して、秀吉の印は日《に》明《みん》貿易などで生糸《きいと》を輸入した際に使用された「糸印」のようなもので、寸法も小さいものです。なぜ、このような印を用いたかはよくわからないのですが、相手に対しては薄礼になると思います。

秀吉朱印状の「自敬表現」

朱印状は、これまでは署名や花押の代わりに朱印を捺したものだと理解し、文章が秀吉に対して敬語を使っていることから、「自敬表現」がなされていると言われてきました。しかし、これは再考の余地があります。秀吉の朱印状は、当然、何人かいた右筆が執筆します。右筆にとって秀吉は主人ですから、秀吉に敬語を使いました。そのため、あたかも秀吉が自分に敬語を使っているように見えたのです。

朱印は、秀吉がその文書を見て承認したという意味で捺しているのです。

秀吉の朱印状を読んでいくと、文中に「上様」や「殿下」という言葉が出てくることもあり、また右筆から見て敬語を使うべきだと考える第三者にも敬語を使うことがあります。これらはすべて、右筆が書いているから生じる現象です。

こう考えると、天皇の文書に「自敬表現」があることにも別の読み方ができます。たとえば「宸翰女房奉書」などは、天皇の「自敬表現」の典型とされていたのですが、これは天皇が女房（女官）の立場で書いているのですから、天皇（自分ですが）の言葉に「仰せ」などと書くのは当然のことです。

こうした見解を発表したところ、ずいぶん反響がありました。私は当たり前のことを書いただけと思っていたのですが、秀吉文書研究の大家とみなされている人から非常識な書き方で批判がありました。その批判にはあまり内容がなく、固定観念にとらわれて、冷静な読み方ができなくなっていると感じました。

一方、大阪城天守閣学芸員の跡部《あとべ》信《まこと》氏は、この議論に対して次のような批判を寄せました。

「右筆はいつでも秀吉の下位にいたのに、『自敬表現』が天皇あて披露《ひろう》状などでは封印されたのはなぜだろうか。あて先の人物が秀吉より上位の場合には遠慮されたということは、『自敬表現』使用の適否が秀吉自身と相手の立場の関係を基準に定められており、かつ、『自敬表現』が文書のうけ手に対して秀吉への敬意を強要する性質をそなえていた事情を示している。秀吉は自分をたいへん偉《えら》いと思っていたので、下位者に出す文書では、うけ手が秀吉に敬語を使って読むように、彼自身への敬語を付けさせたのではなかろうか。とすれば、その尊敬表現の視点は書き手ではなく、読み手のものだったということになるが、発給主体が自分への敬意を求めているのだから、これを『自敬表現』と呼んでも問題ないのではなかろうか」（「〈紹介〉山本博文・堀新《あらた》・曽根勇二『消された秀吉の真実─徳川史観を越えて』（柏書房）」『國學院雑誌』平成二十四年八月）。

「文書のうけ手に対して秀吉への敬意を強要」したという指摘はその通りです。しかし私は、朱印状に「自敬表現」という現象がなぜ起こるのかを説明したのであって、秀吉が偉くないと言っているわけではありません。たとえば秀吉の自筆文書にはたわむれは別として「自敬表現」はありません。いくら自分がたいへん偉いと思っていた秀吉でも、自分の書くもので自分に敬語を使うような馬鹿なまねはしなかった、ということです。

ちなみに、室町将軍の出す御内書でも、花押を据えた直書でありながら、将軍へ敬語が使われていることがあります。これも、右筆が書くことによって起こる現象と考えられるため、秀吉の朱印状だけに、ことさらに「自敬表現」ということは避けた方がいいと思っています。

最初から私は、書状に代えて朱印状のような形式の文書を出すようになった秀吉の地位を否定しているわけではありません。秀吉の朱印状は、こういう構造をよく理解したうえで読んでいく必要があると言っているのです。

4　真田信繁の手紙を読んでみる

姉婿宛の書状

博物館には、古文書が数多く展示されています。これが読めればと思う人も多いと思います。現代人には難しいくずし字も、江戸時代には庶民でも読める者がいたわけですから、ある程度の勉強をすれば読めるようになります。

ただ、活字で古文書の文章を読解できなければ、くずし字を読んでも意味がわかりませんし、読むことも困難です。研究者も、読めないくずし字に出合った時は文脈から言葉を想像して読みます。逆に言えば、活字になった古文書の文章を読めるようになれば、くずし字の読解能力も格段に向上します。

ここでは、戦国武将の文書の一例として、人気の戦国武将である真田信繁の書状（手紙）を読んでいきましょう。

二一二～二一三ページの信繁書状は、慶長二十年（一六一五）三月十九日、大坂夏の陣直前の大坂方と徳川方の講和期間中に、姉婿の小山田《おやまだ》壱岐《いき》（茂誠《しげまさ》）とその子主膳《しゆぜん》（之知《ゆきとも》）に宛てて出されたものです。小山田は、信繁の兄信之《のぶゆき》の領地の上田におり、講和の時期であったので自由に使者を送ることができたようです。

書状では、苗字《みようじ》が真田なら「真」、小山田なら「小」と省略されることがよくあります。苗字の一字から、差出人や宛名を推測する必要があります。本文中でも、この書状にはありませんが、石田三成《みつなり》なら「石治少（石田治部少輔《じぶのしょう》）」、大谷吉継《よしつぐ》なら「大刑少（大谷刑部少輔《ぎょうぶのしょう》）」などと省略されます。

書状の基本的な読み方

書状は、最初の少し文頭を下げた部分（「尚々書《なおなおがき》」と言います）ではなく、文頭が下がっていない字の大きい部分から読んでいきます。

冒頭の「遠路預御使札候《おしさつにあずかりそうろう》」は、「遠いところ御使者と書状をいただきました」ということで、小山田父子から書状を受け取ったことを示しています。その書状の内容は、「其元相《あい》替《かわる》儀《ぎ》無之《これなき》（こちらは変わったことはない）」というものでした。「具《つぶさに》承《うけたまわり》、致満足《まんぞくいたし》候」は、「これを詳しく聞き、満足しています」という相手の書状への挨拶の部分です。

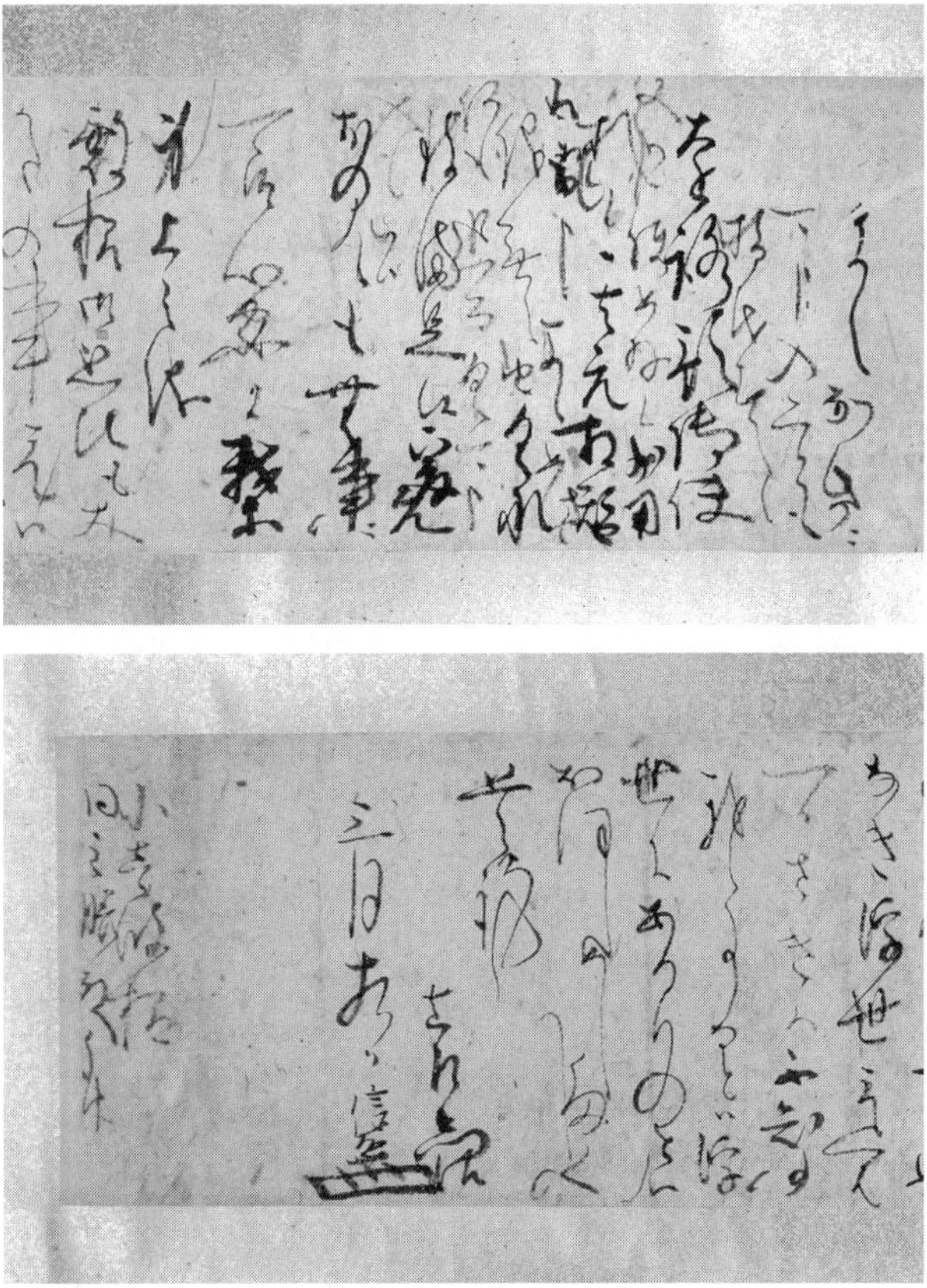

真田信繁書状（小山田壱岐・主膳宛て、小山田家文書、真田宝物館蔵）

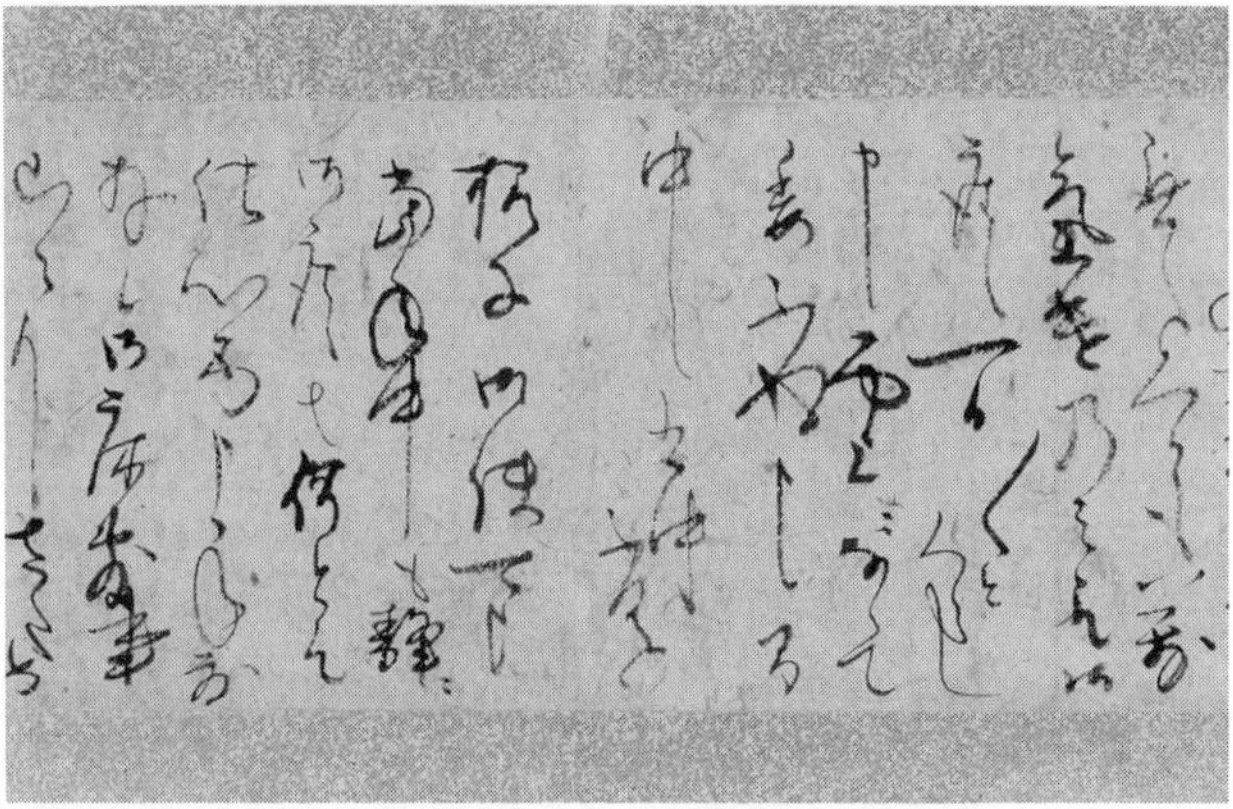

［釈文《しゃくもん》］

尚々《なおなお》、別紙に可申入候《もうしいるべくそうら》へと《ど》も、指《さしたる》儀《ぎ》之無《これなく》候《そうろう》、又御使《おつかい》如存《ぞんじのごとくに》候、少用取乱申《すこしようとりみだれもうし》、早々如此《このごとくに》候、何も追而《おって》具《つぶさに》可申入《もうしいるべく》候、以上、

遠路預御使札候《おしさつにあずかりそうろう》、其元相替《あいかわる》儀《ぎ》無之由《これなきよし》具承《つぶさにうけたまわり》、致満足《まんぞくいたし》候、爰元《ここもとに》おゐても無事に候、可御心安《おこころやすかるべく》候、我等《われら》身上《しんじょう》之儀、殿様御懇比《おねんごろ》も大かたの事にては無之候《これなくそうら》へと《ど》も、萬《よろず》気《き》遣《づかい》のみにて御《ご》座《ざ》候、一日〱とくらし申候、面上にならて《で》委《くわしく》不得申《もうすをえず》候間、中々書中不具《つぶさならず》候、様子御使可申《もうすべく》候、當年《とうねん》中も静に御座候《そうらへ》者《ば》、何とそ《ぞ》仕《つかまつり》、以面申承度存《めんをもってもうしうけたまわりたくぞんじ》候、御床敷事《おんゆかしきこと》山々にて候、さため《だ》なき浮世《うきよ》にて候へ者《ば》、一日さきは不知事《しれざることに》候、我々事なと《ど》は、浮世にあるものとは、おほ《ぼ》しめし候まし《じ》く候、恐々謹言《きょうきょうきんげん》、

真左衛門佐《さえもんのすけ》
信繁《のぶしげ》（花押《かおう》）

三月十九日

小壱岐《いき》様
同主膳《しゅぜん》殿
御報《ごほう》

これに続き、今度は自分（信繁）の状況を報じています。「爰元《ここもとに》おゐても無事に候、可御心安候《おこころやすかるべく》」は、「こちらも無事なので、ご安心ください」ということです。

「我等《われら》身上《しんじょう》之儀、殿様御懇比《おねんごろ》も大かたの事にては無之候《これなくそうら》へと《ど》も、萬《よろず》気《き》遣《づかい》のみにて御座《ござ》候」

という文章は、信繁と秀頼の関係を書いています。

平仮名《ひらがな》には濁点《だくてん》がないので、意味を考えて「ども」というように濁点を補って読みます。

「身上」とは、自分の地位や身分、状況などを指す言葉で、信繁が「殿様」つまり豊臣秀頼からたいへん親密にされているということで、大坂冬の陣の前に大坂城に入った牢人《ろうにん》武将にすぎない信繁が、秀頼からずいぶん信頼されていることがわかります。「殿様」は太閤《たいこう》秀吉の跡継ぎの秀頼であり、信繁がずいぶん気遣いをしている様子が示されています。やはり秀頼の厚遇《こうぐう》は、恐れ多いものだったのでしょう。

その後の「一日〱とくらし申候」は、意味深な一文です。主君の秀頼から信頼され、牢人だった頃に比べればずいぶんいい生活を送っているはずなのですが、何となく気が沈んでいることを表明しているように思います。

その真意は、「面上《めんじょう》にならて《で》委《くわしく》不得申《もうすをえず》候《そうろう》間《あいだ》、中々書中不具《つぶさならず》候、様子御使可申《もうすべく》候」と書かれています。これは、「自分の気持ちは、直接会ってでなければ詳しく話すこともできないので、書状では書けません。私の状況は御使者が申すでしょう」という意味です。感情の機微に及ぶ部分は書状には書けないけれども、この書状を持ち帰る使者が私の様子を報告するでしょう、ということです。

信繁の儚い希望

それに続く「当年《とうねん》中も静に御座候者《そうらへば》、何とそ《ぞ》仕《つかまつり》、以面申承度存《めんをもつてもうしうけたまわりたくぞんじ》候」という一文は、たいへん興味深いものです。「今年も静穏《せいおん》であれば、なんとかお会いしてお話ししたいと思っています」ということで、やはり信繁は、徳川方との戦いがあるのではないかと予想していることが窺《うかが》えます。しかし、あるいはないかもしれず、その時は小山田と会って話すこともできるかもしれないとも思っているわけです。後世の我々は、講和した時から家康が次の開戦の機会を狙っていたことを知っているのですが、当時の人々が、開戦を覚悟はしながら、あるいはないかもしれないと儚《はかな》い希望を持っていたことがわかるのです。「御床敷事《おんゆかしきこと》山々にて候」は、「本当にお会いしたい」という意味で、信繁の願望を示しています。

しかし、一方ではそれは叶《かな》わない夢だということも薄々感じています。次の「さた《だ》めなき浮世《うきょ》にて候へ者《ば》、一日さきは不知事《しれざることに》候」という一文がそれを示しています。「どうなるかわからないのが浮世というものなので、一日先はわかりません」ということです。

そして、「我々事なと《ど》は、浮世にあるものとは、おほ《ぼ》しめし候ましく《じ》候」と言っています。「私のことなどは、この世に存在するものとは、思ってくださるな」、ストレートに言えば「私を死んだものと思ってください」という意味です。やはり信繁は、徳川方との開戦を予測し、今度の戦いでは自分の命もないかもしれない、と覚悟しているのです。

この「我々」、また先に出てきた「我等」も、たとえば「身共《みども》（私）」のように複数形で謙《けん》譲《じょう》表現したものです。「私たち」と解釈してはいけません。

最後の「恐々謹言《きょうきょうきんげん》」は、書状文末の決まり文句です。現在の手紙で言えば、「敬具」のようなものです。

そして日付を書き、その下に署名します。書状の場合、年号は書きませんので、歴史家にとって書状の年代推定は重要な作業の一つになります。宛名は、その後に書きます。宛名の最後にある「御報《ごほう》」は「脇付《わきづけ》」と言い、相手に敬意を示すものです。たとえば「人々御中《おんちゅう》」は、現在の手紙で言えば「侍史《じし》」などと書くようなものですが、「御報」の場合は返事だということを示しています。

「尚々書」が意味するもの

これで書状の文章は終わるのですが、冒頭の余白の部分に、本文を補足する文章を入れることがよくあります。これが「尚々書」（「追而書《おってがき》」とも言います）です。少し意訳すると、以下のような意味になります。

「なおなお、別紙で詳しくお話しすべきですが、たいしたことはないので、別紙は書きません。御使者が伝えるでしょう。少し用事が多く忙しくしていますので、とりあえずこのような簡単な書状で済ませました。追って詳しく申し入れます」

そして最後の「以上」というのは、これで書状は終わりだということを示しています。尚々書で書くことがない場合は、余白に「以上」とだけ書きます。これは、尚々書がないことを示すとともに、こう書いておけば他人が文章を書き加えたりすることも防ぐことができるからです。

この文中、「少用取乱申《すこしようとりみだれもうし》」というのは、簡単な書状で済ませた言い訳のようなものです。NHK大河ドラマの時代考証を担当した研究者の一人は、信繁が取り乱していると解釈していますが、「用」という字があるので、用が取り乱れているというのが正しい解釈です。

この書状は、現状では二紙に分かれていますが、もともとは一紙のもので、紙の中央を横に折った「折紙《おりがみ》」という文書形式だったと思います。その場合は、紙を広げると、下部は下から上に文字が書かれている状態になります。本来、書状は一枚の紙に書いた場合は、もう一枚白紙の紙（「礼紙《らいし》」と言います）をつけて相手に対して敬意を表します。折紙は、紙を折ることで、一枚の紙に礼紙の機能も付与したものです。略式ではありますが、これも書札《しょさつ》礼《れい》（書状を書くときの礼儀）に基づいたもので、書状の多くは折紙形式で書かれています。

手紙を深読みする

この書状を読むと、信繁が前途を悲観していることが伝わってくるように思います。しかし、奈良大学教授の千田嘉博《せんだよしひろ》氏は、「この手紙は明らかに、身内から騙《だま》しにかかっていたのでしょう。冬の陣後に信繁は、兄信之の息子たちに会っていますが、信之は、信繁と自分の息子たちがこうした会話をしていたという内容を、徳川方に届けています。信繁から手紙が来れば、その内容も当然、徳川方に筒抜けになる。信繁はそのことを承知していました」と述べています（「信繁が弱気な手紙に込めた真の狙い」『歴史街道』二〇一七年一月号）。

千田氏は、巨大古墳である茶臼山《ちゃうすやま》を城郭にし、それを巧《たく》みに用いた邀撃《ようげき》作戦や、天王寺《てんのうじ》・

岡山の戦いの周到な作戦を見ても、信繁の戦意は極めて高かったと言います。そのため、作戦を準備するための時間が必要で、敵方を油断させるために、身内への手紙を利用したのだろうと推測するのです。

確かに、生きるか死ぬかの瀬戸際《せとぎわ》に立っていた当時の武将の思考法が、身内への手紙であら戦略に利用するというものであったことは事実です。秀吉も、本能寺《ほんのうじ》の変の後、信長が生きているとする手紙を方々に送りました。それによって、明智に味方する者を離反させ、自分の陣営に呼び寄せようとしたのです。

史料を読む時、書かれた内容を素直に受け取ってはいけません。深読みしてみて、その裏にある真の意図を探ることが必要です。この信繁の書状は、緊迫感の漂う大坂夏の陣の直前のものですので、なおさらだと言えるでしょう。

しかし、私は、この書状にはやはり信繁の実感が示されているようにも思います。もし敵を油断させようとしたのなら、むしろ戦いはないと思っていることをもっと強調したでしょう。このような弱気な書状が家康に伝わったとしたら、なおさら家康は開戦を早めようとするかもしれません。

このように、研究者によっては、同じ文書でも二通りの解釈が出されることがあります。

簡単に正しい答えは出てきません。周囲の状況や信繁自身の思考方法などを総合的に考慮して、それぞれが考えていくしかないのです。こうした書状をもとに、信繁の置かれた立場を理解し、その心の中を探っていくという作業は、これが正答だと教えられるよりも楽しいことではないでしょうか。

5 文書の内容以外から情報を引き出す

文書の様式や伝存のあり方の重要性

文書は、そこに書かれている内容だけではなく、文書様式や伝存のあり方からも多くの情報を得ることができます。たとえば豊臣秀吉が発給した刀狩令《かたながりれい》を考えてみましょう。

刀狩令とは、天正十六年（一五八八）七月八日付（七月だけで日付のない朱印状もあり）で秀吉が刀狩を命じた朱印状を呼ぶものです。冒頭は、「諸国乃《の》百姓《ひゃくしょう》、かたな・わきさ《ざ》し・ゆみ・やり・てつは《ぽ》う、其外《そのほか》武具《ぐ》のたくひ所持候事、かたく御停止《ごちょうじ》候」と書いてあるように、鉄砲や弓なども含めた武器全般の所持を禁止したものです。

その理由は、不要な武器を持って年貢《ねんぐ》などを上納せず、給人《きゅうにん》（領地を持つ武士）に対し、一揆《いっき》を企《くわだ》てる者がいると成敗《せいばい》するが、それによってその場所の田畑を耕す者がいなくなり、知行《ちぎょう》が無駄なものになるからだ、とされています。農民の一揆を未然に制止するためのものだったと考えていいでしょう。

刀狩令原本の所在

この刀狩令原本の所在を調べていくと、島津《しまづ》家文書に二通、立花家文書に二通、小早川《こばやかわ》家文書に一通、尊経閣《そんけいかく》文庫に一通のほか、大阪城天守閣、早稲田大学などに四通、高野山《こうやさん》文書など寺に二通残っています。立花家文書の二通は筑後《ちくご》柳川の立花宗茂《むねしげ》と豊後《ぶんご》の大友吉統《よしむね》に与えられたもの、尊経閣文庫は加賀前田家の史料を伝える機関ですが、刀狩令に関しては肥後《ひご》半国を与えられた加藤清正《きよまさ》に発給されたもの、早稲田大学所蔵文書は淡路島を領する加藤嘉《よし》明《あき》に発給されたものであることがわかっています。

つまり、刀狩令は、ほとんど九州の大名に発給されたものだったと言うことができます。九州では、前年、肥後の国一揆が起こり、鎮圧《ちんあつ》されたばかりでした。刀狩令発給は、肥後の国一揆の経験をふまえたものと見ることができます。

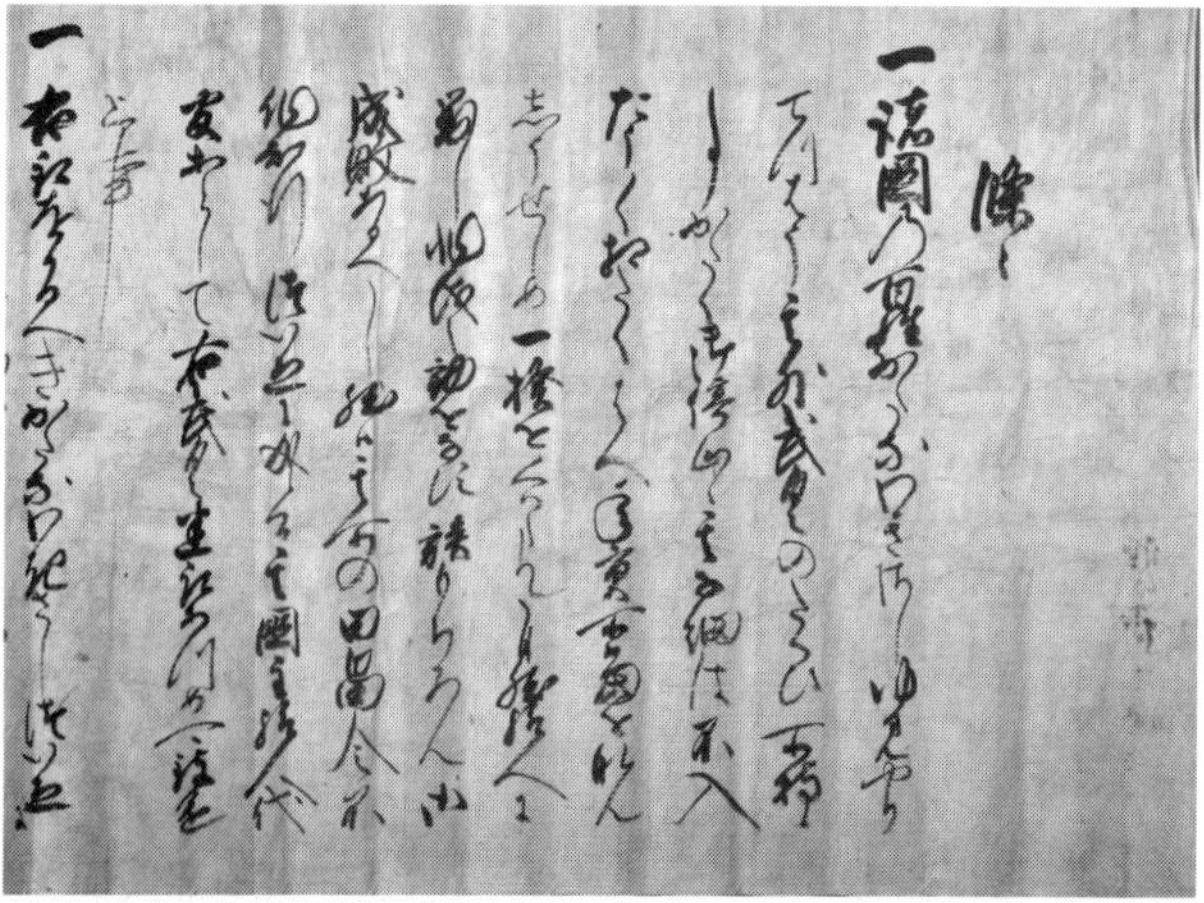

［現代語訳］

條々

一、諸国の百姓等が、刀・わきさ《ざ》し・弓・鑓《やり》・鉄炮《てっぽう》、その外《ほか》武具の類《たぐい》を所持する事は、堅《かた》く禁じなされました。その理由は、不必要な武具を蓄《たくわ》え、年貢所当を上納せず、一揆《いっき》を企《くわだ》て、もし給人に対し非儀の働きをなす者がいれば、当然成敗《せいばい》なされます。そうなれば、その所の田畠《たはた》は不作となり、知行《ちぎょう》が無駄なものになるので、その国主、給人、代官等として、右の武具をすべて取りあつめ、進上せよとの事です。

一、右の没収されるべき刀・わきさ《ざ》しは、無駄になさるものではありません。今度《こたび》大仏殿を御建立《ごこんりゅう》される釘《くぎ》やかすが《が》いに使うよう命じられます。そうすれば、現世の事は言うにおよばず、来世までも百姓が救われることになるでしょう。

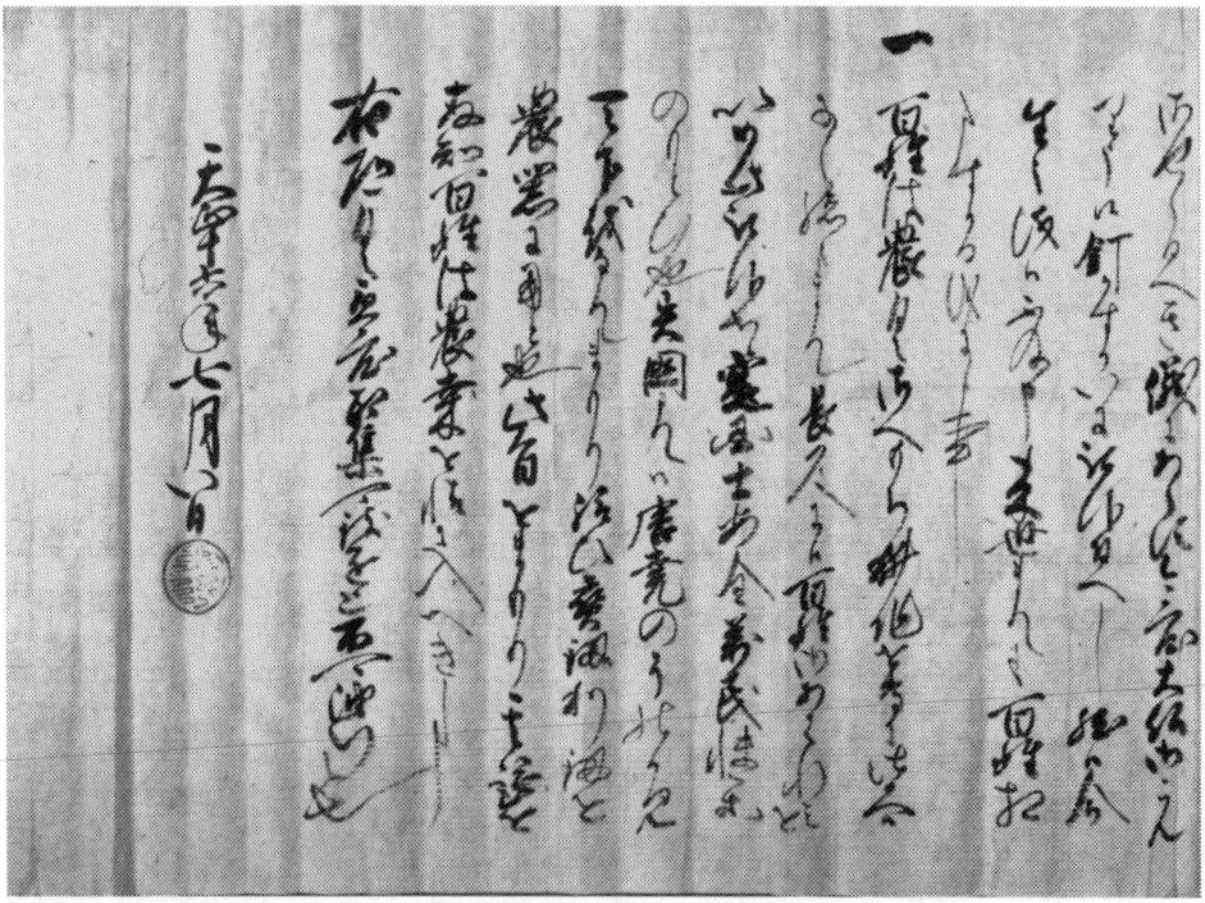

豊臣秀吉が発給した刀狩令（公益財団法人　立花家史料館蔵、柳川古文書館収蔵）

一、百姓は農具だけを持ち、耕作に専念すれば、子々孫々まで長く安泰です。百姓を御憐《おんあわ》れむ心からこのように仰《おお》せ出されたのです。本当に、国土安全、万民快楽の基になる法である。異国では、中国の堯《ぎょう》の時代、天下を鎮撫《ちんぶ》し、寶剣《ほうけん》利刀を農器に用いたという故事がある。此旨《このむね》を守り、それぞれがその理由を理解し、百姓は農桑《のうそう》に精を入れるようにせよ。

右の道具を必ず取り集め、進上せよ。油断してはならない。

天正十六年七月八日◯（秀吉朱印）

秀吉はあくまで普通の農民に宛てたものとして発給していますが、実際には戦国時代に武士だった土豪《どごう》を含めての法令であることが明らかです。

しかし、刀狩令は、九州や、交付された大名や寺社だけに限定されるものではありませんでした。新しく征服された土地にも刀狩令はそのまま適用されましたし、刀狩令を発給されていない大名の中には、自主的に刀狩を励行《れいこう》する者がいました。つまり秀吉の法令は、知らないでは済まされないもので、その後、領内に一揆が起こったとしたら、刀狩を励行していない不手際《ふてぎわ》を強く責められることになったでしょう。

秀吉の「法令」の特質

秀吉の時代は、公式に命じられていないことでは譴責《けんせき》されない、ということではなかったのです。石田三成らの奉行《ぶぎょう》は、秀吉の朱印状を補完するため、大名領内の政治について指導・助言を与えていました。当然、必要なら刀狩も命じたことでしょう。

一方、注目すべきことは、刀狩令が、徳川家康・毛利輝元《てるもと》・上杉景勝《かげかつ》ら大大名には与えられていなかったと見られることです。これは、彼らには自力できちんと領内を治める能力があることからこうした指示は必要ない、と秀吉が考えたからでしょう。いわば自分仕置《しおき》（領地に関する自治）が認められていたということで、刀狩令の残り方から豊臣政治の権力構造を考えることもできるのです。

6　これであなたも歴史通

インターネットで書斎を充実させる

映画やテレビの時代劇を見て、もっと詳しく知りたいと思うことがあるでしょう。そんな時、どこから手をつければいいのでしょうか。

現在なら、まずインターネットを活用するのがいいでしょう。あまり知られていない人物まで、ネット上で取り上げられていることがあります。ネットの記事は出典があきらかでないと言われることもありますが、Wikipediaなどはきちんと出典を記すことを推奨《すいしょう》しており、とりあえず調べる時には参考になります。

ネット上で活用できるサイトとして、ジャパンナレッジ（Japan Knowledge）があります。これは有料（月額千六百二十円）ですが、小学館の『日本国語大辞典』、吉川弘文館の

『国史大辞典』、平凡社の『日本歴史地名大系』などが入っていて、簡単に検索することができます。

このほかジャパンナレッジには、平凡社『東洋文庫』で活字になった史料も入っています。松浦静山《まつらせいざん》の『甲子夜話《かっしやわ》』のような大部の史料の場合、メモしていないとかつて読んだ記事がどこにあったかを探すのも一苦労なのですが、このサイトで検索するとすぐに出てきます。ジャパンナレッジの東洋文庫で明智光秀《あけちみつひで》を検索してみましょう。すると六十四件が出てきます。ルイス・フロイスの『日本史』やフランソア・カロンの『日本大王国志』のほか、『室町殿物語』などが出てきます。また、『甲子夜話』なども出てきて、江戸時代に光秀がどのように語られてきたかを知ることができます。さらに、『前野蘭化《まえのらんか》』からは、前野良沢《りょうたく》が明智光秀の家臣の子孫だという説があったこともわかります。

暇《ひま》な時に、思い立った人物名や用語で検索すると、思いがけない発見があるのもこのサイトのいいところです。

これまでは、こうした史料を買い揃えるのもたいへんでしたし、なかなか全部を読むこともできませんでしたが、今はサイトに登録するだけで自分の書斎が充実し、知識も格段に増えることになります。

東大データベースの活用法

東京大学史料編纂所のホームページからは、「大日本史料総合データベース」で『大日本史料』を検索することができますし、古文書や古記録などの「フルテキストデータベース」ではこれまで刊行された『大日本古文書』『大日本古記録』の全文検索ができます。うろ覚えの文書や歴史的用語の用例を探す時、このデータベースは威力を発揮します。

私が担当して作成した「近世編年データベース」は、史料編纂所で編纂された『大日本史料』の原稿である『史料稿本』のほか、『天皇皇族実録』『通航一覧』『東京市史稿』『加賀藩史料』『会津藩家世実紀《あいづかせいじつき》』など江戸時代から現代までに作成された編年史料を、年月日や事項・人名で検索できるデータベースです。最近では、これで史料を検索して論文を書いている若手研究者も多く、役に立つデータベースだと自負しています。ぜひ覗《のぞ》いてみてください。

江戸時代研究の基本史料

しかし、歴史研究となると、当然インターネットだけに頼るわけにはいきません。基本的な文献を調べる手法を身につける必要があります。江戸幕府の役職では、まず笹間良彦《ささまよしひこ》氏の

『江戸幕府役職集成』（雄山閣出版）が便利です。同氏には『図説　江戸町奉行所事典』（柏書房）もあります。『旧事諮問録《きゅうじしもんろく》』（岩波文庫）は、明治になって歴史学者が町奉行や小姓《こしょう》など江戸幕府に仕えていた役人に聞き取り調査をしたもので、役職の実態がよくわかります。

専門的に調べる時は、明治時代に神宮司庁《じんぐうしちょう》が編纂した百科事典である『古事類苑《こじるいえん》』の官位部三を見れば、その解説と関連史料が収録されています。大名や旗本の人名については、幕府が編纂した『寛政重修諸家譜』を検索すれば、経歴まで出てきます。寛政以降は、『大日本近世史料』の「柳営補任《りゅうえいぶにん》」で役職者を調べることができます。

また、幕末期では、幕臣の提出した由緒書《ゆいしょがき》や明細短冊《たんざく》をまとめた熊井保《たもつ》氏の『改訂新版江戸幕臣人名事典』（新人物往来社）が役に立ちます。ある特定の年代の役職者を調べるには、須原屋《すはらや》などの民間の書肆《しょし》が刊行した、幕府の職員録である『武鑑《ぶかん》』の当該《とうがい》年度を見ます。これは、東洋書林から影印本《えいいんぼん》（原本を写真撮影し、刊行したもの）の『江戸幕府　役職武鑑編年集成』が刊行されています。

江戸幕府の法令は、幕府が寛保、宝暦《ほうれき》、天明《てんめい》、天保《てんぽう》の各時期に編纂した法令集が岩波書店から『御触書集成《おふれがき》』全五冊として刊行されています。明治時代に司法省が編纂した『徳川禁令考』全十一冊（創文社）も幕府法令の基本史料です。ただ、こうした史料集を使いこなすためには、江戸時代の文章がある程度読めなければならないので、少しハードルが高いかもしれません。

三人いた長谷川平蔵

たとえば、池波正太郎《しょうたろう》氏の小説やテレビドラマの『鬼平犯科帳《おにへいはんかちょう》』を見ていて興味を持ったとしたら、瀧川政次郎《たきがわまさじろう》氏の『長谷川平蔵《へいぞう》』（中公文庫）や拙著《せっちょ》『旗本たちの昇進競争―鬼平と出世』（角川ソフィア文庫）などがあります。平蔵に限らず、旗本のことを知るには、小川恭一《きょういち》氏の『江戸の旗本事典』（角川ソフィア文庫）が便利です。

直接、史料で調べる場合は、まず『寛政重修諸家譜』にあたります。これは大名・旗本が提出した家譜を幕府が編纂したものです。続群書類従《ぐんしょるいじゅう》完成会が刊行した本には、索引《さくいん》がついています。長谷川平蔵なら、称呼索引で「平蔵」を引き、その中から長谷川という苗字を持っている人を見ます。

すると、宣雄《のぶお》・宣以《のぶため》・宣義《のぶのり》の三人が十四巻九六～九七頁に記載されていることがわかります。そこを見て、生きた年代や経歴から、どの人が「鬼平」と呼ばれた人なのかを確定するのです。ちなみに鬼平は宣以で、宣雄は鬼平の父、宣義は子です。みな平蔵を名乗っています。

宣義は、寛政七年（一七九五）九月八日、父宣以の死の直前に書院番士に編入され、父の死後、遺跡相続を赦《ゆる》されました。この時、二十六歳でした。父が火付盗賊改《ひつけとうぞくあらため》として業績を積んでいたからか、翌年二月十日には小納戸《こなんど》となり、五月二十三日には若君《わかぎみ》（後の十二代将軍家慶《いえよし》）に付属させられています。

小納戸は、将軍の側《そば》近く仕え、後に栄達する可能性が高い役職です。武術にも優《すぐ》れていたらしく、将軍家の鷹狩《たかが》りにお供《とも》し、鳥を射て褒美《ほうび》の時服《じふく》（季節の衣服）を賜《たまわ》っています。

そうなると、彼のその後の人生を知りたくなります。しかし、寛政以後の経歴は、『寛政重修諸家譜』ではわかりません。そこで、「柳営補任」を調べてみました。

すると宣義は、文政《ぶんせい》九年（一八二六）四月二日、西丸《にしのまる》小納戸頭取介《とうどりすけ》となり、受領名《ずりょうめい》の「山城守《やましろのかみ》」を名乗っています。その後、頭取に昇進し、天保《てんぽう》二年（一八三一）六月八日には先手弓頭《さきてゆみがしら》に異動しています。鬼平は先手弓頭でしたから、同じ役職です。そして、同七年三月七日、在職のまま死去したとされています。年齢を数えてみると六十七歳です。

十一代将軍家斉《いえなり》が長命で、家慶が将軍になるのが遅かったため、宣義はあまり出世できなかったということかもしれませんが、先手頭は戦国時代の足軽大将ですし、山城守を名乗っていたのですから、四百石の旗本としては悪くない人生だったと言えるでしょう。

　このように幕府関係の基本的な文献を使いこなすことができるようになれば、いろいろなことがわかってきます。先に紹介した私の本は、「よしの冊子《ぞうし》」（『随筆百花苑《ひゃっかえん》』中央公論社）という史料を読んでいて、長谷川平蔵（鬼平）の記述がたくさん出てくることを知って書いたものです。

「よしの冊子」は、寛政の改革を行った老中首座の松平定信《さだのぶ》が家臣の水野為長《ためなが》に命じて収集させた江戸城中や江戸市中の噂話を集めたものです。老中をはじめとする幕閣、町奉行、火付盗賊改の評判や噂話がリアルに書き留められており、この時代を見るための一級史料と言って間違いありません。

　この史料によって、平蔵が町奉行になりたいと望んでいたこと、長く火付盗賊改を務めた平蔵が、酒を呑《の》みながら昇進のないことを愚痴《ぐち》っていたこともわかりました（当時の幕閣の評判を紹介した『武士の人事評価』〈拙著、新人物文庫〉参照）。

　歴史の愉しみは、歴史書を読んでさまざまなことを知ることだけではありません。自分で調べて新しいことを知ることの方がもっと愉しいものです。そして、自分で調べるという経験を積めば、優れた歴史書の良さを実感することもできます。読者の方にも、ぜひそういう経験をしてもらいたいと思います。

エピローグ　何のために歴史を学ぶのか

「武威」というキーワード

歴史学の研究にとって、史料の発見・活用はたいへん重要なことで、これによって研究はずいぶん進歩していきます。私が研究を始めた頃は、大名家史料が公開され、研究に利用できる条件が揃っていました。このため、大名家史料を大量に読解することによって、それまでの研究とはまったくレベルの違った研究ができるようになったのです。

特に、萩《はぎ》藩留《る》守《す》居《い》役《やく》・福間彦《ひこ》右衛《え》門《もん》の職務日記である『公《こう》儀《ぎ》所《しょ》日《にち》乗《じょう》』との出会いは、私の研究にとって大きなものでした。留守居役とは、いわば藩の江戸詰め外交官で、幕府や他藩と交渉して藩の地位の向上や存続をはかる役職です。福間が、いかに細心の注意を払って幕府との交渉を行っていたか、そのために誰に会い、どういう下工作を行っていたかが、この史料には詳しく書かれていました。

この史料によって、単なる事件の羅列《られつ》ではない政治史を描けることがわかり、私は『江戸お留守居役の日記』（講談社学術文庫）という本を書きました。幸い、多くの読者に恵まれた本でしたが、読者の方には、江戸時代でも現代と同じように人脈が重要であり、さまざまな根回しが行われていたことが印象深かったようです。

逆に考えれば、現代も江戸時代とそう遠くないところにいるとも言えるわけで、やはり江戸時代を研究することは、近代や現代の人々の行動を理解するうえで重要なテーマだということを、あらためて認識しました。

江戸時代は、二世紀半という長い期間にわたって平和な世の中が続いた時代です。戦いを職務とする武士が作った社会が、なぜ平和を維持させてきたのでしょうか。これも、江戸時代史を研究するうえで、重要な問いになると思います。この難問に対して私は、「武威《ぶい》」という史料用語がキーになるのではないかと考えています。

江戸幕府は、武威によって天下を統一した政権であるがために、「天下泰平《たいへい》」であれば、それは幕府の武威を証明するものになりました。逆に戦いを行って負けると、武威で建てられた政権の正当性を揺るがすことになります。

幕府は、武威の建前を維持するため、アメリカ使節ペリーが来航した時、戦争を回避しようとして、和親条約、修好通商条約の締結と譲歩を重ねるのですが、この弱腰が幕府の武威を傷つけることになります。征夷大将軍の職に就《つ》いて政権を運営しているのに、夷（外国）を征伐するどころか、その軍事的圧力に屈しているのです。この政策のダメージは大きく、結局、政権は倒れることになったわけです。

天皇の歴史の研究

最近では、光文社新書で『天皇125代と日本の歴史』という本を書きました。これは、これまで刊行された多くの研究書、概説書、論文などを読んで、歴代天皇の即位事情や人物像などを概観したものです。

この歴代天皇の研究によって、私は日本と日本という国の特質が理解できた気がしました。たとえば、ほとんどの日本人は、無意識的に国家の永続性を信じています。しかし、国家というものは、新たに生まれたり、滅亡したりするものです。日本人はそうした日本の特質に自覚的ではありません。その理由を突き詰めると、実は戦国時代に朝廷が統治権を完全に喪失するという大きな変化があったにもかかわらず、天皇と朝廷が京都の一部に存続したことだったと思います。

記録も残っていない古い時代に誕生した大王家《おおきみ》が、天皇と名を変えて現在まで存続していることこそ、日本という国家が永続するという観念を生んだ理由なのです。

戦前には、「万世《ばんせい》一系」とされる皇統の連続性そのものに価値を見出し、日本が優《すぐ》れていることの証明としてきました。これが「皇国史観」と呼ばれるものです。天皇が統治する国家の形を「国体《こくたい》」と言います。この言葉は、幕末の水戸《みと》学に生まれ、近代、特に昭和時代前期には絶対的な価値が置かれました。

終戦前夜にクーデターを起こそうとした畑中少佐らは、さらなる国民の犠牲や国家滅亡の危険を冒《おか》してさえ、「国体」を守ろうとしたわけです。

皇統はスムーズに繋《つな》がってきたわけではないですし、すべての天皇が優れていた（教育勅語にはそう書かれています）わけでもありません。天皇が統治する国家というのは、主に古代にのみ存在し、中世では次第に名目のみとなり、近世ではそれも失われました。皇国史観と「国体」思想の誤りは明らかです。

しかし、天皇という存在が続いてきたことだけは確かです。私は、こうした史実をもとに、日本と日本という国家の特殊性、さまざまな外国との差異を考えていくことが必要だと痛感しました。

普遍的な知見を探り出すために

このように私は、現代にも繋がるさまざまな問いを設定して解答を得ようとするのが研究者の営《いとな》みだと考えています。単に過去の事実を掘り起こすだけではなく、より普遍的な知見を探り出そうとしているわけです。

その成果は一般向けの歴史書にも反映されています。日本においては、単行本や新書で、最先端の歴史学の知見がわかりやすい文章で紹介されており、一般の方が歴史を学ぶのによい環境が整っています。

よく文系の学問は役に立たない、と言われます。専門を聞かれて歴史を研究していると答えたところ、浮世《うきよ》離れしている学問ですね、と言われたこともあります。

しかし、これまで歴史を研究してきて、歴史を学ぶことは、政治にも外交にも実業にも不可欠だということを痛感しています。日本と日本人が、どのような歴史的な経緯を経て形成されてきたかを知ることによって、外国との違いがわかり、現代人の行動のパターンも予測できるようになるからです。

また、人生を送るうえでも、歴史はたいへん重要な教訓を与えてくれるものだと思います。歴史というのは、これまで生きてきた膨大《ぼうだい》な数の人間が作ってきたものです。成功した人もいますし、失敗した人もいます。

こうした数多くの経験に学ぶことによって、自分の行動の指針を得ることができますし、しなくてもよい失敗を回避することにも繋がります。ぜひ、歴史の勉強を仕事や人生に役立て、真の教養を身につけた大人になっていただきたいと思います。

付　録　歴史に強くなるブックガイド

［通史］

◎網野善彦『日本社会の歴史』上・中・下、岩波書店〈岩波新書〉、一九九七年

原始の日本列島の人々から主に江戸時代までを叙述した日本通史。特に著者の専門である十三世紀後半から十四世紀前半、金融業者、商人、職人が活発に活動し、日本海の海上交通、琵琶湖の湖上交通、海外貿易が発達していく様相が興味深く叙述される。

◎尾藤正英『日本文化の歴史』岩波書店〈岩波新書〉、二〇〇〇年

日本史と日本の文化を、思想史の視点から読み解いた日本通史。古代・中世では主に仏教、近世では儒学の各学派、国学・洋学を論じる。尊王攘夷思想は国家意識の一つの表現であり、それが公論となったことが明治維新の変革を実現したとする。

◎山本博文『歴史をつかむ技法』新潮社〈新潮新書〉、二〇一三年

歴史を学んできながら、歴史をつかんだという実感のない読者のために、歴史のつかみ方を提示した本。いわば大学の教養課程における「史学概論」で、歴史学の考え方の特徴や歴史学と歴史小説との違い、歴史法則の考え方、時代区分の意義などを論じる。

◎山本博文監修『角川まんが学習シリーズ　日本の歴史』全十五巻、角川書店、二〇一五年

日本の歴史と銘打つ歴史まんがは、集英社、小学館、学研などから刊行されてきた。角川書店のまんが学習シリーズは、それらのよさに学びながら、より歴史上の人物像を明快に描き、歴史のおもしろさを伝える作品になっており、大人でも十分に勉強になる。

［原始・古代］

◎松木武彦『日本の歴史一　列島創世記』小学館、二〇〇七年

考古学の立場から、人類の誕生から古墳時代までを概観する。石器の変化から生活の変化を指摘し、縄文時代や弥生時代の遺跡から原始社会の観念の変化を読み解いていく。卑弥呼の墓とも言われる箸墓古墳内部の推定は秀逸。

◎片山一道『骨が語る日本人の歴史』筑摩書房〈ちくま新書〉、二〇一五年

人類学の立場から、発掘された骨を概観し、日本人の誕生を推理する。縄文人は顔立ちも体形も独特で、弥生時代に現代の日本人風に変化するが、縄文人も弥生人も現在の日本人の先祖であり、日本人が日本列島の歴史の中から生まれたと結論する。

◎佐藤洋一郎『稲の日本史』角川書店〈角川選書〉、二〇〇二年

縄文稲作がどこから来たかを探って、遺跡で発掘される米のＤＮＡを分析し、稲のルーツを中国大陸東部の江南地方から来た温帯ジャポニカと推定する。渡来ルートは中国大陸、海上の道、朝鮮半島経由の三つを並記している。

◎河内祥輔『古代政治史における天皇制の論理』吉川弘文館、一九八六年

生母による血統の差異によって、子孫に皇位を継承させることのできる「直系」の天皇とできない「傍系」の天皇があったという推論から、古代政治史を天皇の「直系」と「傍系」の概念で考察し、数々の政争の本質をえぐり出していく。

◎吉田孝『日本の誕生』岩波書店〈岩波新書〉、一九九七年

大王から天皇への道筋、「日本」の国号の成立などをテーマに、倭国時代から平安時代までを概観した優れた古代通史。制度的な日本の国号の成立を天武天皇の飛鳥浄御原令だとし、「日本」の意味するところを推測している。

◎渡辺晃弘『日本の歴史04　平城京と木簡の世紀』講談社〈講談社学術文庫〉、二〇〇九年

奈良時代の概説。著者は、長年、奈良文化財研究所に勤め、発掘された木簡の調査にあたっており、その成果に基づいて奈良時代の歴史を立体的に描く。平城宮の構造や奈良の都の町並みなども再現される。

◎土田直鎮『日本の歴史5　王朝の貴族』中央公論社〈中公文庫〉、一九七三年

平安時代史の古典的名著。平安時代の政治、官職、貴族の昇進や生活などを取り上げ、摂関政治が専制的で強圧的なものではなく、むしろだらしないものだったなどの興味深い指摘もある。藤原道長の日記である『御堂関白記』の読み方なども解説する。

◎大津透『日本の歴史06　道長と宮廷社会』講談社〈講談社学術文庫〉、二〇〇九年

平安時代中期の特色は宮廷社会の成熟にあった。『大鏡』や『栄花物語』によって形作られてきた歴史観を相対化し、藤原道長の時代を中心に貴族の日記から政治の実態を示し、摂関政治の権力の特色と構造を描いていく。

◎下向井龍彦『日本の歴史07　武士の成長と院政』講談社〈講談社学術文庫〉、二〇〇九年

武士の発生を、地方の在地領主の成長からではなく、戦闘を職能とする戦士であるという視点から見直し、国家の軍事力としての武士の成長を描いていく。服属した蝦夷である「俘囚」が武士の登場に重要な役割を果たしたという指摘は興味深い。

［中世］

◎河内祥輔『頼朝がひらいた中世』筑摩書房〈ちくま学芸文庫〉、二〇一三年

元版は『頼朝の時代―一一八〇年代内乱史』（平凡社〈平凡社選書〉、一九九〇年）。鎌倉幕府が成立する一一八〇年代の歴史を、源頼朝と後白河上皇の関係を軸に考察する。後白河上皇や源義経の評価なども斬新で、従来の見方を一新している。

◎五味文彦『日本の歴史五　躍動する中世』小学館、二〇〇八年

中世を、人々が東奔西走し、日本列島が躍動するエネルギーに満ちた時代と位置づけ、中央と境界、政治の型の創出、生活と宗教などを縦横に論じる。院政の権力基盤の解説や頼朝と御家人の関係などの記述が秀逸。

◎石井進『日本の中世1　中世のかたち』中央公論新社、二〇〇二年

中世武士団研究に大きな業績をあげた著者が、中世における日本の境界、港湾都市「十三湊」、外国との交易、蝦夷と和人、都市鎌倉、市と商人などを取り上げ、新鮮な中世史像を打ち出した名著。著者が急逝し、遺著になったのは返すがえす残念。

◎網野善彦『日本の歴史10　蒙古襲来』小学館、一九七四年

一二五二年の宮将軍の鎌倉下向から鎌倉幕府の滅亡までを描いた通史。未開の野性がなお残る中世社会が文明化していく大きな変化を、非農業民の遍歴や農民の浮浪性の質的転換から説き起こす。いわゆる「網野史学」の出発点となる名著。

◎佐藤進一『日本の歴史9　南北朝の内乱』中央公論社〈中公文庫〉、一九七四年

複雑な南北朝の内乱を詳しく叙述した南北朝時代史の古典的名著。後醍醐天皇が一見強気そうで意外に弱気であり、足利尊氏が直義との戦いで情勢がどうあろうと敗軍の将という意識がなかったことなど、それぞれの性格にも及ぶ叙述が魅力的である。

◎今谷明『室町の王権』中央公論社〈中公新書〉、一九九〇年

室町幕府三代将軍足利義満を取り上げ、室町時代の最盛期を描く。明から国王に冊封されたこと、後円融天皇との抗争、息子の義嗣を親王元服に準じて行わせたことなどから、義満に王権簒奪計画があったとする。

◎村井章介『増補　中世日本の内と外』筑摩書房〈ちくま学芸文庫〉、二〇一三年

日本中世の対外関係を、平氏政権から、蒙古襲来、倭寇まで、特に朝鮮との関係を基軸に概観する。中世人の異国意識、国境意識や、日本人の朝鮮への「朝貢」の様相、対馬の宗氏の役割などが、関係史料の博捜によって語られる。

◎山田邦明『戦国のコミュニケーション』吉川弘文館、二〇〇二年

戦国時代、情報は生死を分けるほど重要なものであった。大名や家臣たちはどのようにして自分の意思や情報を伝え合ったのか。彼らが残した多くの書状を分析して戦国時代の意思疎通の在り方を究明する。

◎藤木久志『雑兵たちの戦場』朝日新聞社〈朝日選書〉、二〇〇五年

戦国時代の戦場での略奪・暴行の主体となった雑兵は、どこから来たのか。戦場で生け捕りとなった人々はどこへ行ったのか。戦国時代の合戦の実態を明らかにし、戦場が飢えに苦しむ村人にとっては数少ない稼ぎ場だったという結論を導き出す。

◎松田毅一『南蛮のバテレン（松田毅一著作選集）』朝文社、二〇〇一年

元版はＮＨＫブックスで一九七〇年に刊行。膨大なイエズス会史料を翻訳出版した松田毅一氏がイエズス会宣教師を概説したもの。宣教師の中には、日本人を優れた国民と考える者と傲慢で擬装的な国民と考える者の二つの日本観があったことを明らかにしている。

［近世］

◎**高木昭作『江戸幕府の制度と伝達文書』角川書店〈角川叢書〉、一九九九年**

江戸幕府将軍の命令を伝達する老中奉書の解読には、その文面に表れることない「裏の人脈」について配慮する必要があることを述べたもの。文書の正確な解読から浮かびあがる将軍への複雑な取次ルートや春日局らに支えられた「裏の人脈」の考察が出色である。

◎**熊倉功夫『後水尾天皇』中央公論新社〈中公文庫〉、二〇一〇年**

元版は『後水尾院』（朝日新聞社、一九八二年）。徳川家康が擁立し、紫衣事件の主人公となった後水尾天皇の優れた伝記。江戸時代初期の幕府の朝廷への規制や京都における文化的サロンの様子などを描く。

◎**山本博文『家光は、なぜ「鎖国」をしたのか』河出書房新社〈河出文庫〉、二〇一七年**

元版は『寛永時代』（吉川弘文館、一九八九年）。三代将軍徳川家光による政治体制の確立と対外関係の規制を、熊本藩細川家史料などの大名家史料や『オランダ商館日記』などを読み込んで描いた政治外交史。「鎖国」論の是非にも言及している。

◎**山本博文『お殿様たちの出世』新潮社〈新潮選書〉、二〇〇七年**

江戸時代政治の中心にあった老中をすべて取り上げ、それぞれの人物像を描く。徳川家の家臣にとって、老中は譜代大名最高の家柄の者が務める役ではなかったが、次第にその地位を望む者が多くなり、悲喜劇も生まれることになる。

◎尾藤正英『日本の歴史19　元禄時代』小学館、一九七五年

江戸時代前期の優れた通史。元禄文化は必ずしも町人文化ではなく、「浮世」という言葉に行動を断念せざるをえない立場の者の消極的な性格を見るなど、斬新な解釈も多い。赤穂事件を主君浅野長矩が始めた私闘の継続という視点も説得的である。

◎尾藤正英『江戸時代とはなにか』岩波書店〈岩波現代文庫〉、二〇〇六年

元版は岩波書店から一九九二年に刊行。日本史は応仁の乱で大きく二分され、中世の「職の体系」という権利の体系から「役の体系」という社会的役割の体系に変化するとする。江戸時代の身分制度が社会的役割の相違にすぎないという斬新な指摘もある。

◎塚本学『生類をめぐる政治』講談社〈講談社学術文庫〉、二〇一六年

元版は平凡社から一九八三年に刊行。五代将軍徳川綱吉の時代に焦点を当て、江戸時代に農村に鉄砲が普及していたこと、悪法とされる生類憐れみの令の中には捨子の保護など後世に受け継がれるものがあったことなどを明らかにしている。

◎吉田伸之『日本の歴史17　成熟する江戸』講談社〈講談社学術文庫〉、二〇〇九年

通史を政治史的通史ではなく、社会の全体史としてとらえることを意図した著作。政治過程は最小限の記述とし、社会的権力としての三井越後屋などの大店、魚市場や青物市場、周縁的身分にある人々を中心に、十八世紀の日本を描いていく。

◎**大口勇次郎『女性のいる近世』勁草書房、一九九五年**

高校の日本史教科書にはほとんど女性が出てこない。こうした問題意識から、農村女性の相続や労働、庶民女性の財産、江戸近郊農村女性の江戸城大奥奉公などを史料に基づいて示し、江戸時代の女性の実像を明らかにする。

◎**渡辺京二『黒船前夜』洋泉社、二〇一〇年**

開国前夜の日本とロシアとの関係を中心に描く。ラクスマンの来航からレザノフの来航までに時日を浪費したロシアの内部事情、徳川役人の懐の深さや小吏の詐術、知識人特有のナショナリズムなど、たいへん興味深く、読んでいて飽きない。

◎**宮地正人『幕末維新変革史』上・下、岩波書店、二〇一二年**

欧米列強の東アジア進出から西南戦争までの幕末維新史を、シャープな切り口で論じたもの。著者は、非合理主義的・排外主義的攘夷主義から開明的開国主義への転向過程とする多くの幕末維新通史への正面からの批判を意図している。

〔近代〕

◎**坂野潤治『日本近代史』筑摩書房〈ちくま新書〉、二〇一二年**

幕末政治史から明治国家の建設、民本主義の時代、太平洋戦争と、日本の近代史を叙述する。政党の動向を中心にした優れた政治史。第一次近衛内閣を、国内の指導勢力が四分五裂し、対外関係を制御できなくなった崩壊の時代ととらえる。

◎清水唯一朗『近代日本の官僚』中央公論新社〈中公新書〉、二〇一三年

日本近代の官僚がどこから来て、どのように成長していくのかを描いた近代史。明治政府が活用した徴士と貢士、帝国大学による人材育成、内閣制度と官僚機構の整備、高等文官試験などを分析し、学歴エリート創出の道筋を明らかにしている。

◎原武史『大正天皇』朝日新聞社〈朝日選書〉、二〇〇〇年

大正天皇の伝記。いわゆる「遠眼鏡」事件の真相、大正時代の政府が天皇機関説を必要とした事情などが語られる。裕仁皇太子が摂政に就任し、正親町実正が御用の印籠のお下げを願った時、天皇がそれを拒もうとしたことは興味深い。

◎古川隆久『昭和天皇』中央公論新社〈中公新書〉、二〇一一年

昭和天皇の伝記。天皇の思想形成、田中義一首相叱責の影響、天皇機関説に対する考え、終戦をもたらした「聖断」などが、史料に基づいて実証的に叙述される。昭和天皇が戦争を避けたいと思いながら、開戦しかないと判断した状況も説得的に語られている。

◎加藤陽子『それでも日本人は「戦争」を選んだ』新潮社〈新潮文庫〉、二〇一六年

元版は朝日出版社から二〇〇九年に刊行。日本近現代史を日清戦争から太平洋戦争まで、国際関係や戦争を通して考えていく。普通の日本人や、当時最高の頭脳だったはずの参謀たちが、なぜ無謀な戦争に突入していったのかを読み説いている。

◎野口悠紀雄『戦後日本経済史』新潮社〈新潮選書〉、二〇〇八年

終戦から日本長期信用銀行の破綻までの日本の経済史の概説。戦後の日本が、資産家からの搾取によって国家を立て直した、官僚組織の人的資源の無駄遣い、など鋭い指摘が随所に見られる。「バブル経済」の命名者である著者によるだけに、経済分析は説得的である。

初出

原稿の一部は、月刊誌「歴史街道」二〇一六年十一月号、十二月号、二〇一七年九月号をもとに加筆修正、他は書きおろしです。

PHP新書

PHP INTERFACE
https://www.php.co.jp/

山本博文［やまもと・ひろふみ］

1957年、岡山県生まれ。東京大学史料編纂所教授。専門は日本近世史。東京大学文学部卒業。同大学院修了。文学博士。

『江戸お留守居役の日記』（講談社学術文庫、日本エッセイスト・クラブ賞受賞作）、『歴史をつかむ技法』『「忠臣蔵」の決算書』（以上、新潮新書）、『日本史の一級史料』『天皇125代と日本の歴史』（以上、光文社新書）、『東大流 よみなおし日本史講義』（PHP研究所）など著書多数。ベストセラー「角川まんが学習シリーズ　日本の歴史」の監修も務めている。

歴史の勉強法
確かな教養を手に入れる

PHP新書 1118

二〇一七年十一月二十九日　第一版第一刷

著者――山本博文
発行者――後藤淳一
発行所――株式会社PHP研究所
東京本部――〒135-8137 江東区豊洲5-6-52
第一制作部 ☎03-3520-9615（編集）
普及部 ☎03-3520-9630（販売）
京都本部――〒601-8411 京都市南区西九条北ノ内町11
組版――朝日メディアインターナショナル株式会社
装幀者――芦澤泰偉＋児崎雅淑
印刷所
製本所――図書印刷株式会社

ISBN978-4-569-83677-5

ＰＨＰ新書刊行にあたって

「繁栄を通じて平和と幸福を」(PEACE and HAPPINESS through PROSPERITY)の願いのもと、ＰＨＰ研究所が創設されて今年で五十周年を迎えます。その歩みは、日本人が先の戦争を乗り越え、並々ならぬ努力を続けて、今日の繁栄を築き上げてきた軌跡に重なります。

しかし、平和で豊かな生活を手にした現在、多くの日本人は、自分が何のために生きているのか、どのように生きていきたいのかを、見失いつつあるように思われます。そして、その間にも、日本国内や世界のみならず地球規模での大きな変化が日々生起し、解決すべき問題となって私たちのもとに押し寄せてきます。

このような時代に人生の確かな価値を見出し、生きる喜びに満ちあふれた社会を実現するために、いま何が求められているのでしょうか。それは、先達が培ってきた知恵を紡ぎ直すこと、その上で自分たち一人一人がおかれた現実と進むべき未来について丹念に考えていくこと以外にはありません。

その営みは、単なる知識に終わらない深い思索へ、そしてよく生きるための哲学への旅でもあります。弊所が創設五十周年を迎えましたのを機に、ＰＨＰ新書を創刊し、この新たな旅を読者と共に歩んでいきたいと思っています。多くの読者の共感と支援を心よりお願いいたします。

一九九六年十月

ＰＨＰ研究所

PHP新書

［歴史］

061 なぜ国家は衰亡するのか　中西輝政
286 歴史学ってなんだ？　小田中直樹
505 旧皇族が語る天皇の日本史　竹田恒泰
591 対論・異色昭和史　鶴見俊輔／上坂冬子
663 日本人として知っておきたい近代史［明治篇］　中西輝政
734 謎解き「張作霖爆殺事件」　加藤康男
738 アメリカが畏怖した日本　渡部昇一
748 詳説〈統帥綱領〉　柘植久慶
755 日本人はなぜ日本のことを知らないのか　竹田恒泰
761 真田三代　平山　優
776 はじめてのノモンハン事件　森山康平
784 日本古代史を科学する　中田　力
791 『古事記』と壬申の乱　関　裕二
848 院政とは何だったか　岡野友彦
865 徳川某重大事件　徳川宗英
903 アジアを救った近代日本史講義　渡辺利夫
922 木材・石炭・シェールガス　石井　彰
943 科学者が読み解く日本建国史　中田　力
968 古代史の謎は「海路」で解ける　長野正孝
1001 日中関係史　岡本隆司
1012 古代史の謎は「鉄」で解ける　長野正孝
1015 徳川がみた「真田丸の真相」　徳川宗英
1028 歴史の謎は透視技術「ミュオグラフィ」で解ける　田中宏幸／大城道則
1037 なぜ二宮尊徳に学ぶ人は成功するのか　松沢成文
1057 なぜ会津は希代の雄藩になったか　中村彰彦
1061 江戸はスゴイ　堀口茉純
1064 真田信之　父の知略に勝《まさ》った決断力　平山　優
1071 国際法で読み解く世界史の真実　倉山　満
1074 龍馬の「八策」　松浦光修
1075 誰が天照大神を女神に変えたのか　武光　誠
1077 三笠宮と東條英機暗殺計画　加藤康男
1085 新渡戸稲造はなぜ『武士道』を書いたのか　草原克豪
1086 日本にしかない「商いの心」の謎を解く　呉　善花
1096 名刀に挑む　松田次泰
1097 戦国武将の病《やまい》が歴史を動かした　若林利光
1104 一九四五　占守島の真実　相原秀起
1107 ついに「愛国心」のタブーから解き放たれる日本人　ケント・ギルバート
1108 コミンテルンの謀略と日本の敗戦　江崎道朗

1111 北条氏康 関東に王道楽土を築いた男 伊東 潤／板嶋常明
1115 古代の技術を知れば、『日本書紀』の謎が解ける 長野正孝
1116 国際法で読み解く戦後史の真実 倉山 満

［地理・文化］

264 「国民の祝日」の由来がわかる小事典 所 功
465・466 ［決定版］京都の寺社505を歩く（上・下） 山折哲雄／槇野 修
592 日本の曖昧《あいまい》力 呉 善花
639 世界カワイイ革命 櫻井孝昌
650 奈良の寺社150を歩く 山折哲雄／槇野 修
670 発酵食品の魔法の力 小泉武夫／石毛直道［編著］
705 日本はなぜ世界でいちばん人気があるのか 竹田恒泰
757 江戸東京の寺社609を歩く 下町・東郊編 山折哲雄／槇野 修
758 江戸東京の寺社609を歩く 山の手・西郊編 山折哲雄／槇野 修
845 鎌倉の寺社122を歩く 山折哲雄／槇野 修
877 日本が好きすぎる中国人女子 櫻井孝昌
889 京都早起き案内 麻生圭子
890 反日・愛国の由来 呉 善花
934 世界遺産にされて富士山は泣いている 野口 健
936 山折哲雄の新・四国遍路 山折哲雄
948 新・世界三大料理 神山典士［著］／中村勝宏、山本豊、辻芳樹［監修］
971 中国人はつらいよ――その悲惨と悦楽 大木 康

［社会・教育］

117 社会的ジレンマ 山岸俊男
335 NPOという生き方 島田 恒
418 女性の品格 坂東眞理子
495 親の品格 坂東眞理子
504 生活保護vsワーキングプア 大山典宏
522 プロ法律家のクレーマー対応術 横山雅文
537 ネットいじめ 荻上チキ
546 本質を見抜く力――環境・食料・エネルギー 養老孟司／竹村公太郎
586 理系バカと文系バカ 竹内 薫［著］／嵯峨野功一［構成］
602 「勉強しろ」と言わずに子供を勉強させる法 小林公夫
618 世界一幸福な国デンマークの暮らし方 千葉忠夫
621 コミュニケーション力を引き出す 平田オリザ／蓮行
629 テレビは見てはいけない 苫米地英人
632 あの演説はなぜ人を動かしたのか 川上徹也

681 スウェーデンはなぜ強いのか　北岡孝義
692 女性の幸福［仕事編］　坂東眞理子
706 日本はスウェーデンになるべきか　高岡 望
720 格差と貧困のないデンマーク　千葉忠夫
741 本物の医師になれる人、なれない人　小林公夫
780 幸せな小国オランダの智慧　紺野 登
783 原発「危険神話」の崩壊　池田信夫
786 新聞・テレビはなぜ平気で「ウソ」をつくのか　上杉 隆
789 「勉強しろ」と言わずに子供を勉強させる言葉　小林公夫
792 「日本」を捨てよ　苫米地英人
819 日本のリアル　養老孟司
823 となりの闇社会　一橋文哉
828 ハッカーの手口　岡嶋裕史
829 頼れない国でどう生きようか　加藤嘉一／古市憲寿
832 スポーツの世界は学歴社会　橘木俊詔／齋藤隆志
847 子どもの問題　いかに解決するか　岡田尊司／魚住絹代
854 女子校力　杉浦由美子
857 大津中2いじめ自殺　共同通信大阪社会部
858 中学受験に失敗しない　高濱正伸
869 若者の取扱説明書　齋藤 孝
870 しなやかな仕事術　林 文子
872 この国はなぜ被害者を守らないのか　川田龍平
875 コンクリート崩壊　溝渕利明
879 原発の正しい「やめさせ方」　石川和男
888 日本人はいつ日本が好きになったのか　竹田恒泰
896 著作権法がソーシャルメディアを殺す　城所岩生
897 生活保護vs子どもの貧困　大山典宏
909 じつは「おもてなし」がなっていない日本のホテル　桐山秀樹
915 覚えるだけの勉強をやめれば劇的に頭がよくなる　小川仁志
919 ウェブとはすなわち現実世界の未来図である　小林弘人
923 世界「比較貧困学」入門　石井光太
935 絶望のテレビ報道　安倍宏行
941 ゆとり世代の愛国心　税所篤快
950 僕たちは就職しなくてもいいのかもしれない　岡田斗司夫 FRREex
962 英語もできないノースキルの文系は　これからどうすべきか　大石哲之
963 エボラvs人類 終わりなき戦い　岡田晴恵
969 進化する中国系犯罪集団　一橋文哉
974 ナショナリズムをとことん考えてみたら　春香クリスティーン
978 東京劣化　松谷明彦
981 世界に嗤われる日本の原発戦略　高嶋哲夫

［**自然・生命**］

［**宗教**］